W0238152

De Temps en temps

BRUNO ANGLES

De Temps en temps

Les multiples visages d'un trésor

LES ÉDITIONS DU CERF

En couverture : pendule astronomique de Passemant (milieu du XVIIIe siècle), conservée au château de Versailles. Elle indique notamment la date, l'heure solaire et la phase de la lune.

www.editionsducerf.fr
24, rue des Tanneries
75013 Paris

ISBN : 978-2-204-15780-3

À Bénédicte,
À Thibault et Charlotte, Aymeric, Baudouin et Sixtine,
À Victoire et Garance.

Introduction

L'HORLOGE ET LE VIRUS

L'idée de ce livre est née au printemps 2020, pendant le confinement consécutif à la pandémie mondiale de Covid-19. Comme tant d'autres, mon mode de vie est alors bouleversé du jour au lendemain. Président pour la France et la Belgique d'une banque européenne, j'ai l'habitude de partir très tôt de chez moi, d'enchaîner toute la journée des réunions et des rendez-vous, à mon bureau ou chez des clients, et de rentrer assez tard auprès de ma femme (mes quatre enfants sont déjà, à l'époque, étudiants ou jeunes professionnels). Ce rythme est bien rôdé, chacune de mes journées est préparée la veille, et je laisse peu de place à l'imprévu. Bref, mon temps est alloué avec la rigueur et la précision que requièrent mes fonctions et auxquelles m'incline ma personnalité – je puis ainsi en faire une utilisation optimale. Devant les circonstances inédites d'un *lockdown* planétaire, qui impose des conditions d'existence auxquelles ni moi ni personne n'est habitué, je commence par prendre la résolution de faire ce que je n'ai jamais eu, ou plutôt *pris*, le temps de faire, à savoir lire d'un seul trait les quatre évangiles. Mais, au-delà de cette « tâche » *exceptionnelle* – par son objet, par sa nouveauté et par les circonstances de son exécution – et dans la mesure où le confinement n'en finit pas de durer, je me pose inévitablement la question : « Comment continuer à tirer le meilleur profit de mon temps alors que le temps n'est plus ce qu'il était ? »

En effet, lorsque, le 16 mars 2020, à 20 heures, le président Macron a annoncé que la France était en guerre contre un virus venu de Chine et que les déplacements, sauf exception, étaient dorénavant interdits, en un instant le temps s'est métamorphosé. Voilà déjà plusieurs semaines que cette menace planait – dès fin février, j'avais demandé aux salariés de l'entreprise que je dirigeais de prendre, chaque soir en quittant le bureau, tout ce qui leur était nécessaire pour télétravailler ; et le samedi 14 mars, quarante-huit heures avant l'annonce du Président, j'avais décidé de faire passer l'ensemble de mes collègues en télétravail. Mais désormais, la mesure était générale et prescrite par les autorités.

Une évidence s'est d'emblée imposée : entre quatre murs, rivé aux bulletins d'information et aux courbes de contamination qui ne cessaient de monter, tourmenté par l'horizon du déconfinement qui, lui, ne cessait de reculer, on ne percevait plus le temps de la même manière. Il continuait de s'écouler, bien sûr, mais différemment. On peinait, d'ailleurs, à dire en quoi : allait-il plus vite ? Plus lentement ? Était-ce une question de cadence, de débit ? Avait-il carrément changé de sens ? L'espace, réduit par la force des choses, jouait-il un rôle dans cette métamorphose ? Y avait-il même un sens à parler de métamorphose pour une réalité, le temps, qui, de toute façon, « incarne » l'impermanence, le changement, l'insaisissabilité ?

Ce n'était pas la première fois que je me posais la question de la nature du temps : c'est un sujet qui m'a toujours passionné. J'ai eu très tôt, dans l'enfance sans doute, l'intuition que le temps est à la fois un mystère et un trésor à chérir – en particulier parce qu'il nous est compté.

J'ai également compris, un peu plus tard, qu'il ne faut pas l'employer n'importe comment, car il peut être l'outil formidable de mille aventures, d'entreprises extraordinaires, de victoires inespérées – rien n'est donc plus désolant, et stupide, que de le gaspiller. Mais c'est la première fois, en ce printemps 2020, que des circonstances concrètes m'obligent à remettre sur le métier toutes ces questions, ces intuitions, ces réflexions.

Le confinement m'a contrarié, bien sûr, mais je rends grâce pour la situation privilégiée dans laquelle nous nous trouvions alors, ma famille et moi. À Versailles, où nous résidons, la fenêtre de mon bureau me permettait d'apercevoir le château et une partie du parc. Quel tableau plus idoine pour une méditation sur le temps ? Versailles est le sommet de mille cinq cents ans d'histoire. Dans l'ombre de Louis XIV, son bâtisseur, veillent les « quarante rois qui ont fait la France », auxquels viennent se joindre les milliers de représentants du peuple qui se réunirent dans la grande salle du Congrès pendant plus d'un siècle, notamment pour élire ou réélire quatorze présidents de la République. À Versailles aussi, par conséquent, le temps se présente dans une autre lumière ; il y revêt un air d'éternité. Louis XIV lui-même, à la fin de sa vie, donnait parfois l'impression d'être passé dans une autre dimension, comme si Versailles était devenu un « couloir du temps », un entre-deux, un passage entre le monde des hommes et la cour céleste. C'est ce que suggère Saint-Simon, dans ses *Mémoires*, lorsqu'il raconte les dernières années du roi : « Il était uniquement occupé de Dieu, de son salut, de son néant, jusqu'à lui être échappé quelquefois de dire : *Du temps que j'étais roi.* » Évidemment qu'il était roi, puisqu'il était vivant.

Le confinement de 2020 ne m'a pas seulement offert la possibilité de *prendre du temps pour le temps* et de « relire », comme on dit dans les écoles jésuites (dont j'ai été élève en classes préparatoires, à Ginette), quarante ans de réflexions, d'œuvres et d'expériences sur le sujet. J'ai aussi été conduit à formuler des analyses et des propositions sur le temps lui-même comme élément clé de cette crise, et notre façon de le gérer. Chaque semaine, pendant plus de dix-huit mois, j'ai couché par écrit mes observations sur la situation imposée par la pandémie ; je les envoyais au fil de l'eau, parfois assorties de recommandations, à ceux de mes amis et relations dont je savais qu'ils étaient, par leurs fonctions au plus haut niveau de l'État, en première ligne dans cette « guerre ».

Le facteur « temps » a joué un rôle central durant les deux séquences de la crise. Tout d'abord, il s'est retrouvé au cœur de la stratégie de lutte contre le virus. Ainsi s'est-on intéressé de près à ses temps d'incubation, de réplication et de diffusion, afin d'évaluer au mieux la vitesse de propagation de l'épidémie et de cartographier sa progression dans l'espace, notamment pour pouvoir mobiliser de manière adéquate le système de santé. J'ai ainsi tenté, pendant cette crise, à la place qui est la mienne, celle d'un citoyen engagé, d'apporter ma pierre à l'édifice – dans un moment où l'on enrage de ne pouvoir faire davantage.

L'un de mes premiers messages aux responsables de l'exécutif porte la trace de cette préoccupation. Il date, justement, du lundi 16 mars 2020, avant la déclaration présidentielle du soir ; la perspective du deuxième tour des élections municipales, prévues le dimanche suivant, et qui seront finalement reportées au 28 juin, complique la situation. Voici ce que j'écris, dès 6 heures du matin, à mes différents interlocuteurs, dont la plupart siègent au Conseil de défense, qui doit se réunir ce matin-là : « On a quelques jours pour décider pour les municipales, quelques heures pour décider du confinement [...] Compte tenu des caractéristiques de ce virus, il y a un décalage de 10 à 14 jours entre le moment où l'on prend les mesures de distanciation sociale et le moment où leur impact sera visible. Toute journée supplémentaire de retard dans la décision de confiner coûtera de nombreuses vies. »

Lorsque le séquençage génétique du virus a été réalisé (dans un temps record, d'ailleurs), s'est posée la question du délai avant l'arrivée des premiers vaccins : s'il faut un an pour les fabriquer[1], à qui accorder la priorité pour l'administration des soins dans l'intervalle, sachant que le système hospitalier n'est pas fait pour ce type de catastrophe et ne peut accueillir tous les malades gravement atteints ?

Dieu merci, le « temps des vaccins » est venu plus vite que prévu – un exploit qui révèle un degré d'avancement des capacités de l'espèce humaine dont on ne s'est d'ailleurs peut-être pas assez émerveillé, sur fond de défiance antiscience. S'est ainsi ouverte la deuxième phase de la « guerre », au cours de laquelle le facteur temps a été tout aussi crucial : vacciner plusieurs dizaines de millions d'individus (pour la seule France) avant qu'ils ne se mettent à mourir dans la rue ou chez eux, faute de lits dans les hôpitaux, cela ressemblait à une course contre la montre. Et il faut bien dire qu'on aurait pu aller plus vite... Ce n'est pas une recommandation rétrospective, une observation a posteriori, facile à faire dans le confort de l'« après coup » alors que les alarmes se sont tues : de graves failles

1. En juillet 2020, le président Macron déclarait que « ceux qui disent qu'on aura un vaccin avant la fin de l'année racontent des histoires ». Il a certainement été le premier à se féliciter d'être ainsi démenti.

ont été constatées sur le vif, à l'instant T. L'une des plus regrettables est sans doute l'incapacité du ministère de la Santé à accélérer la diffusion du vaccin par une promotion et des outils appropriés. Heureusement, un ingénieur de vingt-cinq ans, Guillaume Rozier, déjà à l'origine d'un site d'agrégation de données sur la progression de l'épidémie en France et dans le monde, n'a pas attendu que les pouvoirs publics se mobilisent comme ils auraient dû le faire : fin 2020 et début 2021, il lance les applications VaccinTracker puis ViteMaDose, qui permettent à la population de s'informer sur la procédure de vaccination et de prendre facilement rendez-vous dans les centres d'injection. Emmanuel Macron a reconnu que les différents outils développés par Guillaume Rozier avaient été plus efficaces que le site officiel du ministère de la Santé. Le jeune homme a ainsi été décoré en mai 2021, à titre exceptionnel, de l'ordre national du Mérite; il est ensuite devenu conseiller du Président à l'Élysée en février 2023.

Aujourd'hui, même si le virus n'a pas disparu et continue de circuler, la pandémie de Covid-19, avec son cortège de drames en tous genres, semble bel et bien derrière nous. Mais le spectre des grandes catastrophes sanitaires rôde, que les bouleversements systémiques actuels, à l'échelle du monde entier, du dérèglement climatique aux déplacements incontrôlés de population, renforcent chaque jour un peu plus. Bref, nous n'en avons pas fini avec les crises; et, partant, nous n'en avons pas fini avec le temps.

C'est pourquoi j'ai voulu écrire ce livre. Un livre sur le temps dans tous ses états, sous toutes ses facettes : celui de nos agendas et celui des étoiles, celui de la sagesse populaire et celui des philosophes, celui de Martin Heidegger et celui de Michel Fugain – « Même en courant plus vite que le vent / Plus vite que le Temps / [...] Je n'aurai pas le temps[1]. » Et si je mets une majuscule au premier, cela ne signifie pas qu'il est plus important que le second. Il est d'une autre nature, c'est tout – quoique... une autre nature ? Nous verrons bien, au fil des pages qui suivent. Et, surtout, nous naviguerons sans cesse de l'un à l'autre, *de Temps en temps*... En tout cas, je tiens à cette majuscule parce qu'elle évoque *La jeune Parque* de Valéry[2], cet étrange monologue d'une femme tiraillée entre le désir et la mort :

> Osera-t-il, le Temps[3], de mes diverses tombes,
> Ressusciter un soir favori des colombes,
> Un soir qui traîne au fil d'un lambeau voyageur
> De ma docile enfance un reflet de rougeur,
> Et trempe à l'émeraude un long rose de honte ?
> Souvenir, ô bûcher, dont le vent d'or m'affronte,
> Souffle au masque la pourpre imprégnant le refus
> D'être en moi-même en flamme une autre que je fus...

Cette approche reflète-t-elle une vision excessivement volontariste ou bassement utilitariste de l'existence, qui ne

---

1. Les paroles de cette chanson de 1967, dues à l'immense poète et parolier Pierre Delanoë, sont un hymne à la beauté et à la richesse de la vie, qui appellent à gérer son temps si on veut en profiter pleinement : « Même en volant / Je n'aurai pas le temps / De visiter / Toute l'immensité / D'un si grand univers / Même en cent ans / Je n'aurai pas le temps / De tout faire / J'ouvre tout grand mon cœur / J'aime de tous mes yeux / C'est trop peu / Pour tant de cœurs / Et tant de fleurs / Des milliers de jours / C'est bien trop court / Et pour aimer / Comme l'on doit aimer / Quand on aime vraiment / Même en cent ans / Je n'aurai pas le temps. »

2. Je parlerai d'ailleurs des Parques à plusieurs reprises dans ce livre.

3. Vérification faite sur l'original de 1917, Valéry écrit ici le Temps avec une majuscule.

ferait aucune place à la fantaisie, la gratuité, la spontanéité ? Nullement. Au contraire : s'occuper de son temps pour pouvoir l'occuper (et avant qu'il ne s'occupe de vous…), prendre conscience du fait que le temps s'écoule sans égard pour nos petites personnes et nos grands projets, réaliser que « tout le temps perdu ne se rattrape plus », comme le chantait Barbara, c'est se donner les moyens d'être libre. Libre au point de perdre son temps, si le cœur m'en dit. Mais on ne perd que ce que l'on possède ; et pour posséder le temps, autant que c'est possible, il faut s'en préoccuper.

C'est ainsi que j'ai imaginé la structure de ce livre, autour de trois questions : quelle est la nature profonde du temps ? quels sont les pouvoirs du temps ? comment bien gérer son temps pour être le plus heureux possible ? Le caractère pratique de mon propos ira donc crescendo mais, que je parle d'astrophysique, de philosophie antique, de taux d'intérêt ou de football, je m'efforcerai d'être fidèle à la rigueur conceptuelle, analytique et argumentative que l'on m'a enseignée tout au long de mes études et dont j'ai eu besoin au cours de ma carrière. Ainsi, s'il le souhaite, le lecteur peut commencer ce livre par la fin et le lire « à l'envers[1] ». Non seulement aucune logique intrinsèque à l'ouvrage ne lui échappera s'il procède de cette façon, mais il touchera du doigt cette vérité étonnante : le sens du temps – sa direction, du passé vers l'avenir, ou vice versa – dépend souvent du sens que l'on donne au temps – son usage et le profit qu'on en espère, l'utilité personnelle ou collective qu'on lui assigne. Ce faisant, il comprendra que le grand mystère du Temps peut aussi s'appréhender

1. En le lisant du chapitre 12 au chapitre 1, plutôt que dans l'ordre usuel.

à travers les petits signes du temps. Aristote, citant Héraclite, disait que « dans la cuisine aussi, il y a des dieux[1] » – la cuisine figurant le lieu des tâches apparemment triviales mais essentielles. Et parmi ces dieux, il en est un dont on ignore s'il vient du Néant ou de la Terre : c'est Chronos, le dieu du Temps…

---

1. Aristote, *Traité sur les parties des animaux*, Paris, Aubier, 1945.

Première partie

QUID EST ENIM TEMPUS...

Nous pensons tous savoir ce qu'est le temps. En réalité, nous savons le *compter* – et, dans l'histoire de l'humanité, nous avons su le faire très tôt, puisqu'on estime que les Égyptiens se servaient déjà du cadran solaire et de la clepsydre[1] au deuxième millénaire avant J.-C. Ainsi, aujourd'hui, en sortant de l'école primaire, nul n'ignore qu'un siècle comprend cent ans, une année 365 jours (sauf les années bissextiles), une heure soixante minutes et une minute soixante secondes. Si l'on en croit le Bulletin officiel de l'Éducation nationale[2], savoir lire l'heure sur une horloge ou une montre à aiguilles fait même expressément partie des acquis attendus en fin de CE2.

Mais saurions-nous répondre si aisément à des questions en apparence basiques : d'où vient le temps ? Quand a-t-il commencé ? Puisqu'on dit qu'il « passe », où va-t-il ainsi ? Peut-on l'arrêter dans sa course comme on le ferait d'un véhicule ? Est-il « quelque chose » qui existe indépendamment de nous et de tout ce qui nous entoure ? Est-il le même partout – sur Terre, peut-être, mais au fin fond de l'univers, là où brillent ces étoiles dont on nous dit qu'elles se trouvent à des années-lumière ? Encore ne s'agit-il là que de *notre* univers – et si, comme nous le verrons, l'hypothèse des univers multiples est vérifiée, le temps y

1. Dispositif composé de deux récipients situés à deux hauteurs différentes ; le temps est mesuré par l'écoulement d'un liquide, du premier vers le deuxième.

2. Voir arrêté du 17 juillet 2020 et *Journal officiel* du 28 juillet 2020.

existe-t-il également ? Et quel est-il, ce temps, dans « les là-bas » (Huysmans) de la Création ?

On connaît la célèbre phrase des *Confessions* de saint Augustin (354-430), évêque d'Hippone, docteur de l'Église, sans doute l'un des plus grands sages de l'histoire humaine : « Qu'est-ce donc que le temps ? [...] Si personne ne me demande, je sais. Si je veux l'expliquer à celui qui me demande, je ne sais pas. » – un *nescio* auquel il ne se résout pas, et dont il fait au contraire un carburant pour chercher, et chercher encore, nous offrant ainsi, par-delà les siècles, de nombreuses pages, superbes et éclairantes, sur ce grand mystère. Je voudrais en quelque sorte me mettre dans les pas et à l'école d'Augustin questionnant la nature du temps, et inviter le lecteur dans ce voyage.

Nous y croiserons une multitude de savants, c'est-à-dire des porteurs et transmetteurs de savoirs, dont certains sont incontournables, qu'ils soient philosophes ou astrophysiciens, tels Aristote, Einstein, Bergson, Hawking, et d'autres plus inattendus, comme Fabien Galthié et *Alice au pays des merveilles*, ou moins célèbres, comme l'abbé Lemaître ou Andreï Linde. Tous ont quelque chose à nous dire sur l'énigme du temps.

1.

UN JOUR SANS HIER ?

L'univers m'embarrasse et je ne puis songer
Que cette horloge existe et n'ait point d'horloger.

Ces deux alexandrins de Voltaire (1694-1778), tirés du poème satirique « Les cabales » (1772), nous apprennent que l'auteur de *Candide* croyait à l'existence d'un dieu créateur, organisateur, régulateur. Un horloger, donc. C'est d'ailleurs cette métaphore-là, celle de l'horloger, qui a fait florès, plus que celle de l'horloge.

Et pourtant, c'est bien cette dernière qui m'intéresse ; c'est par elle que je voudrais entrer dans le vif du sujet. Car, contrairement à Voltaire, la question qui m'embarrasse, moi, ne porte pas tant sur l'horloger que sur l'horloge elle-même. Et – on ne se refait pas – c'est une question d'ingénieur, comprenant du reste plusieurs sous-questions : l'horloge de ce suprême horloger, est-ce une horloge à aiguilles ou une horloge digitale ? D'ailleurs, y a-t-il une ou plusieurs horloges ? Le fonctionnement de cette/ces horloge (s) est-il constant ou évolue-t-il au fil des âges ?

Les éventuelles réponses à ces questions en diraient plus long, sur mon sujet, que toutes les sommes académiques. Elles nous renseigneraient de manière définitive (ou presque) sur la nature du temps. En effet, si l'horloge de l'univers comprend un cadran circulaire parcouru de manière continue par des aiguilles, cela semble indiquer que le temps n'a ni commencement ni fin : on suit la trotteuse, on la voit qui franchit le XII, mais on aperçoit toujours du coin de l'œil le XI qu'elle vient à peine de passer, et déjà le I dont elle s'approche inexorablement – et c'est par les mêmes XI, XII et I qu'elle repassera dans une minute. En revanche, si l'horloge de l'univers n'est qu'un écran à cristaux liquides, on imagine l'horloger appuyer sur un bouton « on/off », un chiffre alors apparaît, puis disparaît, remplacé par un autre qui lui ressemble vaguement, et ainsi de suite : l'heure présente y est seule, orpheline du passé et du futur. Dans cette hypothèse, le temps a un commencement, et peut-être une fin.

Première option, donc : il y eut un premier passé avant le premier présent ; deuxième option, *a contrario* : le premier jour fut « un jour sans hier », pour reprendre l'expression de l'astrophysicien Thomas Hertog[1]. Comment s'y retrouver ?

La Bible, qui pose des questions métaphysiques à défaut de proposer des réponses scientifiques, mais à laquelle on peut légitimement se référer car, après tout, elle est l'une des matrices de notre civilisation, la Bible, donc, semble pencher vers l'horloge digitale puisqu'elle s'ouvre sur l'expression « Au commencement ». On se représente d'ailleurs assez bien le doigt de Dieu actionnant l'horloge, dans une variante de la Création d'Adam telle qu'on peut l'admirer sur le plafond de la chapelle Sixtine… Et, en même temps, quelques versets plus loin, la Bible nous place, l'air de rien, face à une énigme déroutante : le premier « soir » dont il est fait mention (« Il y eut un soir, il y eut un matin ») est bel et bien le *premier* soir ; en revanche,

1. Thomas Hertog, *L'origine du temps*, Paris, Odile Jacob, 2023.

le premier « matin » est en réalité… le deuxième, celui du « deuxième jour » ! L'introuvable « premier matin » serait-il l'hier du jour sans hier ? En quoi peut-on parler de matin, si nul lever de soleil n'en a donné le *top départ* ?

Le mystère s'épaissit quand on s'intéresse à un célèbre midrash juif[1] qui a pour protagonistes les deux premières lettres de l'alphabet hébreu. On y apprend que, longtemps, la consonne Beth (ב, qui correspond au B latin), s'est comportée comme la première lettre de l'alphabet, la plus importante : après tout, c'est avec elle, en effet, que s'ouvre le « commencement » dont je parlais plus haut (« *Béréchit bara Elohim…* », ce qui signifie « Au commencement Dieu créa… »). Mais Beth, on le sait, n'était en réalité que la *deuxième* lettre de l'alphabet ; avant elle, il y avait un autre caractère, Aleph (א, le A latin). On ne l'entendait jamais, ce pauvre Aleph, et pour cause : c'était une lettre muette, et elle l'est restée[2] ! Malgré tout, exaspérée de voir Beth lui voler la préséance, Aleph se présente un jour devant Dieu pour se plaindre. Dieu l'écoute et finit par lui révéler un grand secret : « C'est vrai, le monde n'a pas commencé par toi. Mais viendra une heure où, par toi, commencera un autre monde, dont dépend le premier… » Cette deuxième création, *spirituelle* alors que la première était *matérielle*, c'est le fameux épisode du mont Sinaï, le don aux hommes des Dix commandements, lesquels débutent en effet par la lettre Aleph (« *Anokhi Adonai Elohekha* » c'est-à-dire « Je suis l'Éternel ton Dieu »). Appartenant au monde créé mais transformée par la loi divine, l'humanité serait donc le fruit de deux commencements – et, sans le second, le premier n'aurait pas de sens…

1. Interprétation de la Bible, souvent sous forme d'histoire.
2. Un peu comme le H muet en français.

Mais revenons aux aiguilles et aux cristaux liquides. Dans un petit livre paru en l'an 2000, Jean-Louis Servan-Schreiber (1937-2020), observateur attentif des mœurs contemporaines, explique pourquoi les montres digitales sont si angoissantes. Contrairement aux montres à aiguilles qui permettent de *voir la durée*, c'est-à-dire le temps qui s'écoule et se répète de manière rassurante, les montres digitales n'indiquent que *l'instant*, point final : « Chaque seconde, écrit-il, pousse la précédente dans le néant, et nous avec[1]. » D'où, sans doute, le désir de remonter aux origines, à l'instant zéro, dans l'espoir qu'il nous aide à percer le mystère du temps et qu'il donne du sens, et au moment présent, et à l'heure dernière.

Lorsque j'étais étudiant à l'École polytechnique, au milieu des années 1980, j'ai eu la très grande chance d'avoir Alain Aspect, futur prix Nobel, comme professeur de physique quantique. Je lui dois en partie ma fascination pour ce qu'on appelle le temps des physiciens, fascination intacte même si, aujourd'hui, c'est surtout le temps des managers qui m'est le plus familier.

Alain Aspect n'est pas seulement l'un des plus grands scientifiques contemporains, c'est aussi un formidable pédagogue, comme le prouve par exemple son opuscule *Einstein et les révolutions quantiques*[2]. Il y explique notamment l'apport de ce qu'il appelle les deux révolutions quantiques. La première, celle des années 1920 et 1930, menée par Schrödinger, Heisenberg et Dirac, sur les pas de Planck, Einstein et Bohr, « a permis, écrit-il, de comprendre

---

1. Jean-Louis Servan-Schreiber, *Le nouvel art du temps*, Paris, Albin Michel, 2000.

2. Alain Aspect, *Einstein et les révolutions quantiques*, Paris, CNRS éditions, 2019.

la stabilité de la matière, les liaisons chimiques, les propriétés électriques et thermiques des corps, comment le courant électrique est conduit, pourquoi les isolants ne le conduisent pas, etc. ». La deuxième, dans les années 1960, est lancée par John Stewart Bell (1928-1990) et nous apprend que les particules élémentaires sont mystérieusement intriquées et se comportent « comme un tout indivisible, inséparable », même lorsqu'on les sépare de plusieurs kilomètres. À l'époque où je suivais ses enseignements, Alain Aspect était en train de confirmer par l'expérience cette étrange propriété.

La « découverte » de l'intrication, dont les applications pratiques sont immenses (c'est sur elle que repose par exemple le fonctionnement des ordinateurs quantiques), ajoute une dimension supplémentaire au mystère du temps. Elle oblige à constater une « non-localité » – puisque l'évolution corrélée de particules formant un système quantique, quoique situées très loin l'une de l'autre, défie l'espace[1] – qui va de pair avec une « non-temporalité ». Alain Aspect explique en effet qu'un photon, par exemple, peut être observé comme onde ou comme

1. Considérons une particule blanche qui se sépare en deux particules : une verte et une magenta et admettons que vert + magenta = blanc. Les deux particules se déplacent en s'éloignant l'une de l'autre à la vitesse de la lumière pendant 10 ans. Les deux particules sont alors éloignées l'une de l'autre de 20 années-lumière. Si l'on décide de mesurer la première particule dans une chambre rouge, la particule verte apparaîtra jaune, et au même instant l'autre particule sera devenue bleue (de sorte que leur somme soit toujours blanc, en admettant que jaune + bleu = blanc). Comment la seconde particule a-t-elle pu « savoir » que la première particule a été mesurée ? Et pourquoi/comment a-t-elle été affectée par cette mesure ? Einstein n'a jamais cru en ce paradoxe, mais cet effet a été confirmé en 1986 par Alain Aspect à l'institut d'optique théorique et appliquée à Paris. (Source : Institut Gaspard Monge, Université Gustave Eiffel.)

particule[1], non pas en raison de ses éventuelles propriétés *ex ante*, mais selon la nature de l'instrument qui le détecte *ex post*. Autrement dit, c'est l'expérimentateur qui, par son observation, « décide », alors que le parcours du photon est déjà terminé, si ce dernier s'est comporté comme une particule ou comme une onde. Bref, c'est presque comme si le présent déterminait le passé…

En 1905, Albert Einstein (1879-1955) énonce la théorie de la relativité restreinte : si la lumière se déplace toujours à la même vitesse, quelles que soient les circonstances de son observation, cela signifie que le temps et l'espace, les deux composantes de la vitesse, diffèrent selon les observateurs et ne sont pas des absolus. En outre, à la vitesse de la lumière, « le mouvement dans le temps est intégralement converti en mouvement dans l'espace[2] ». Il existe donc un lien entre le temps et l'espace, de sorte que les trois dimensions spatiales et la dimension temporelle peuvent être envisagées comme les quatre dimensions d'un concept unifié : l'espace-temps. C'est ce que le physicien Hermann Minkowski (1864-1909), prenant acte des découvertes d'Einstein, qui fut son élève, résume ainsi en 1908 : « L'espace en lui-même, le temps en lui-même, sont condamnés à s'évanouir tels de simples ombres, et

1. En réalité, comme l'écrit Jean-Marc Lévy-Leblond « les objets de la physique quantique ne sont pas ou bien des ondes ou bien des particules, comme la notion de "dualité onde-corpuscule" voudrait le faire croire. Ce ne sont ni des ondes ni des particules, même s'ils exhibent, dans certaines circonstances très particulières, deux types de comportement limites comme ondes (classiques) ou particules (classiques). » Jean-Marc LÉVY-LEBLOND, « Sur la nature conceptuelle des constantes physiques », *Cahiers philosophiques*, vol. 135, n° 4, 2013.

2. Thomas HERTOG, *L'origine du temps*.

seule une sorte d'union des deux préserve une réalité indépendante[1]. »

Dix ans plus tard, Einstein complète sa théorie en y « ajoutant » la composante gravitationnelle : c'est la relativité générale. La gravitation, que son « découvreur » Newton tenait, tout comme l'espace et le temps, pour un absolu immuable et un peu mystérieux, devient « une manifestation de la courbure et de la torsion de l'espace-temps par la masse et l'énergie[2] », une manifestation que l'on peut mettre en équation et qui fait de l'univers lui-même un objet physique, avec des propriétés globales non-réductibles aux propriétés locales des autres objets physiques qu'il contient (planètes, étoiles, etc.). L'univers est lié à un espace-temps, qui est un champ, et un champ *courbé*. Dans le système solaire, comme l'explique l'astrophysicien Stephen Hawking (1942-2018), « la masse du soleil incurve l'espace-temps de telle sorte que, bien que la Terre suive une trajectoire droite dans un espace-temps à quatre dimensions, elle nous apparaît comme se mouvant le long d'une orbite dans un espace à trois dimensions[3] ». En somme, toutes ces courbes, ces cercles, ces ellipses, ces « rondeurs » qui peuplent nos observations et nos représentations – en trois dimensions – de l'Univers sont en quelque sorte des faux-semblants que seule la théorie de la relativité générale permet de « redresser »... Hawking poursuit : « Le fait que l'espace soit courbe signifie que la lumière ne peut plus apparaître dorénavant comme voyageant en ligne droite dans l'espace. Ainsi la

1. Hermann MINKOWSKI, « Espace et temps », *Annales scientifiques de l'ENS*, t. 26, 1909.

2. Thomas HERTOG, *L'origine du temps*.

3. Stephen HAWKING, *Une brève histoire du temps*, Paris, Champs-Flammarion, 1989.

Relativité générale prédit-elle que la lumière devrait être déviée par les champs gravitationnels [...] Cela signifie que la lumière d'une étoile lointaine qui passerait près du Soleil serait très légèrement déviée, ce qui fait que l'étoile n'apparaîtrait pas au bon endroit pour un observateur sur Terre[1]. »

Bien sûr, puisqu'elle consacre la notion d'espace-temps, la théorie de la relativité générale ne s'attaque pas seulement à l'espace, elle s'attaque également au temps. Elle induit notamment ce qu'on appelle la dilatation gravitationnelle du temps. En effet, le temps s'écoule plus lentement là où la gravité est plus intense (à proximité d'un trou noir ; ou sur Terre, par exemple, en un point d'observation « plus bas », c'est-à-dire plus proche du centre de gravité de notre planète). Ce phénomène a d'ailleurs été confirmé en 2020, à Tokyo, par l'équipe du professeur Hidetoshi Katori, à travers l'expérience des horloges atomiques placées sur la tour Skytree[2] : l'horloge située au pied de la tour avançait moins vite que celle située à son sommet. Dieu sait ce que Voltaire aurait pensé d'une telle observation... En vertu de cette « anomalie », un individu habitant au sommet d'une montagne vieillirait plus vite que son voisin vivant au niveau de la mer. Signalons qu'à la suite d'Einstein, des physiciens comme Karl Schwarzschild (1873-1916), Robert Oppenheimer (1904-1967), Ezra Newmann (1929-2021) ou Roy Kerr, mettront en évidence

1. *Ibid.*

2. À ne pas confondre avec le paradoxe des jumeaux, expérience de pensée proposée en 1911 par Paul Langevin (1872-1946) qui ne fait pas intervenir la gravitation et porte sur des « objets » situés dans des référentiels différents, par exemple un individu situé sur terre et son jumeau voyageant dans l'espace à la vitesse de la lumière : une fois réunis sur terre, le second serait plus jeune que le premier.

un autre type de phénomène : il arrive que la déformation de l'espace-temps soit si intense, et le champ gravitationnel ainsi créé si grand, que toute forme de matière ou de rayonnement y tombe sans pouvoir s'en échapper : c'est le « trou noir », dont le centre est un point où la courbure de l'espace-temps devient infinie.

Ces deux phénomènes, la dilatation gravitationnelle du temps et les trous noirs, sont illustrés de manière spectaculaire dans le film *Interstellar* (2014) de Christopher Nolan. On y suit une équipe d'astronautes partis à la recherche d'une nouvelle planète pour l'humanité, la Terre étant devenue inhabitable. Après le franchissement d'un trou de ver[1], ils se retrouvent provisoirement bloqués sur une première planète, très proche d'un trou noir supermassif qui, conformément à la théorie de la relativité d'Einstein, provoque un étirement de l'espace-temps, de sorte qu'une heure sur cette planète représente sept ans sur la Terre… Sur la deuxième planète où ils se posent, le même phénomène est à l'œuvre. Au total, lorsque l'unique survivant de l'expédition parvient à revenir sur Terre, il n'a vieilli que de quelques années, tandis que ses congénères, eux, ont vieilli de plusieurs décennies – telle sa propre fille, qu'il retrouve sous les traits d'une dame mourante, alors qu'il l'a quittée enfant[2].

Aussi disruptif fût-il, de savoir et de caractère, Einstein n'a pas fondamentalement remis en question le cadre

1. Voir chapitre suivant.

2. Pour une analyse détaillée, et passionnante, de la scientificité du scénario d'*Interstellar*, voir l'article de l'astrophysicien Jean-Pierre Luminet, spécialiste des trous noirs, « Interstellar Science », *Inference*, vol. 1, n° 2, mars 2015 – traduction française sur le blog de l'auteur, *Luminesciences*.

cosmologique de Newton. La construction est différente mais les briques sont les mêmes : selon l'Allemand du XXe siècle comme pour le Britannique du XVIIe siècle, quoiqu'avec des mots différents, l'Univers est stationnaire, homogène – à chaque instant, ses propriétés sont identiques en tout point de l'espace – et isotrope – à chaque instant, il n'existe aucune direction privilégiée en aucun point de l'espace. En outre, pour Einstein, l'espace et le temps, qu'il unifie, certes, dans le concept d'espace-temps, et dont il prouve qu'ils ne sont pas absolus, n'en restent pas moins… l'espace et le temps. Enfin, il lui est inenvisageable de se défaire du concept de causalité physique, dont il considère que Newton a été l'un des plus éminents serviteurs au cours de l'histoire des sciences. Dans une interview au *Times* en 1919, Einstein affirme que sa propre théorie ne peut « dépasser » l'œuvre de son prédécesseur anglais : « Ses idées, si belles et lucides, garderont à jamais leur signification sans égale en tant que fondations de toute la structure conceptuelle de notre temps dans le domaine de la philosophie naturelle[1]. »

Ainsi, lorsque le prêtre et astrophysicien belge Georges Lemaître (1894-1966), s'appuyant d'ailleurs sur les travaux de son collègue allemand, émet l'hypothèse à la fin des années 1920 que l'univers est en expansion, le théoricien de la relativité se montre dubitatif[2]. Plus encore, d'ailleurs, lorsque Lemaître prolonge cette idée par celle, connexe, d'un commencement de l'univers, un « zéro du temps », un Big Bang – hypothèse qui déplaît à Einstein, puisqu'elle revient à faire une croix sur toute causalité

1. Cité par Michel Paty dans « Einstein et la pensée de Newton », *La Pensée*, 1987, n° 259.

2. Même si, quelques années plus tard, il reconnaîtra son erreur.

fondamentale. En effet, comme l'écrit Thomas Hertog, « spéculer sur la cause du Big Bang[1] semblerait déplacé puisque la cause doit précéder l'effet, et par conséquent suppose une certaine notion de temps[2] ».

La notion de causalité apparaît à la fois comme la pierre angulaire et le *casus belli* de la controverse autour du Big Bang et de la question de l'origine du temps. Dans son livre *La nature dans la physique contemporaine*[3], Werner Heisenberg (1901-1976), l'un des « pères » de la physique quantique, consacre un court chapitre à cette question et explique que la notion de causalité telle qu'entendue à l'époque de Newton – et d'Einstein – était particulièrement réductrice : « La physique de Newton était ainsi conçue qu'on pouvait calculer à l'avance, à partir de l'état d'un système, à un moment déterminé, le mouvement futur du système. Que cela soit un principe de la nature, Laplace l'a formulé de la façon la plus générale et la plus compréhensible : il a forgé la fiction d'un démon qui, à un moment donné, connaîtrait la position et le mouvement de tous les atomes et serait alors en mesure de calculer d'avance l'avenir total de l'univers. Si l'on veut prendre le terme de causalité au sens restreint, on parle aussi de "déterminisme" et on entend par là qu'il y a des lois naturelles fixes qui déterminent rigoureusement l'état futur d'un système d'après l'état actuel. »

Il n'en reste pas moins que la question de la causalité est légitime, et le problème bien réel. C'est du côté de la théorie quantique, encore balbutiante, que Lemaître va

1. Un terme que Lemaître n'utilise pas, d'ailleurs forgé pour se moquer de sa théorie.
2. Thomas HERTOG, *L'origine du temps*.
3. Werner HEISENBERG, *La nature dans la physique contemporaine*, Paris, Gallimard, 1962.

chercher la solution – une solution relevant de ce que Heisenberg appellera, trente ans plus tard, « la décomposition du déterminisme » newtonien. Lemaître a l'intuition de mettre en perspective l'infiniment grand et l'infiniment petit, la structure du cosmos et celle de l'atome, et de reléguer du même coup les lois ordinaires de la physique, qui ne s'appliquent ni à l'un ni à l'autre. Ainsi, selon Lemaître, un quantum originel, qu'il appellera plus tard « l'atome primitif », aurait en quelque sorte « contenu » l'espace et le temps, intriqués, dans une sorte d'état indéterminé. À partir de cette « singularité cosmique » caractérisée par une densité et une température infinies, le destin de l'univers se serait ensuite dessiné par « sauts quantiques aléatoires ». Nul besoin, dès lors, de s'intéresser à la question de la cause première – ou plutôt, la cause première est inconnaissable car, antérieure aux catégories d'espace et de temps, elle échappe à l'univers. À noter que Lemaître, tout prêtre qu'il était, ne donne à un éventuel dieu aucun rôle dans ce Big Bang – ou plutôt, aucun rôle connu et connaissable… Son confrère Alexandre Friedmann qui, à la même époque, en Union soviétique, émet des hypothèses similaires, n'hésite pas, de son côté, à parler de « création du monde[1] ».

Jusque dans les années 1960, la théorie de l'univers stationnaire prévaut et celle du Big Bang reste marginale. Mais, en 1965, on découvre le fond diffus cosmologique, dont l'astrophysicien Stephen Hawking dira qu'il s'agit peut-être de la plus grande découverte de l'histoire de l'humanité. Elle permet en effet de trancher le débat entre

1. « L'invention du big bang » de Jean-Pierre LUMINET, introduction à Alexandre FRIEDMANN, Georges LEMAÎTRE, *Essais de Cosmologie*, Paris, Éd. du Seuil, 1997.

défenseurs de l'univers stationnaire et tenants de l'univers en expansion – au profit de ces derniers. C'est aussi, bien sûr, un pas de géant vers la réponse à la question de l'origine du temps.

Le fond diffus cosmologique représente ce qu'on peut observer aujourd'hui des premiers « instants » de l'univers. On l'appelle aussi le rayonnement fossile. C'est un peu comme si on pouvait voir « l'éclat » issu du Big Bang, ou en tout cas de la période consécutive à ce dernier (après 380 000 ans, le temps du refroidissement nécessaire) à partir de laquelle la lumière a pu se propager librement, sans être absorbée par le « brouillard » de particules (protons, électrons, photons…) à haute température des premiers âges. En effet, la lumière qui « transporte » l'information d'un événement survenue dans l'univers met un certain temps à nous parvenir : quand nous « voyons » l'événement, ce dernier est terminé depuis une durée qui dépend de… l'espace. En somme, regarder loin dans l'espace, c'est regarder loin dans le passé. Un principe auquel il faut apporter deux précisions : tout d'abord, l'œil humain n'est capable de percevoir qu'une toute petite partie des ondes lumineuses, ce qui implique le recours à des instruments d'observation qui « reconstruisent » le réel ; ensuite, l'espace ne cesse de se dilater au fur et à mesure du temps puisque l'univers est en expansion.

Une fois la théorie du Big Bang admise, deux questions se posent d'emblée, d'autant plus vertigineuses qu'on pressent le caractère inadapté des « outils » avec lesquels on va (prétendre) y répondre, à savoir le langage, les mots : le temps est-il « né » de ce Big Bang ? Si oui, comment ? Au départ, le Big Bang étant *survenu* (je n'ose écrire « *Après* le Big Bang » ou encore « Le Big Bang ayant eu *lieu…* »), il n'y a, semble-t-il, ni onde ni particule, un champ figé, peut-être, un « point » énergétique. Et donc pas de temps. Ce n'est que « lorsque » apparaissent les premières particules, sous forme de plasma indescriptible, que le temps commence. Pourquoi ? Parce que ces particules commencent à interagir et que se produisent ainsi des événements permettant de déterminer des « avant » et des « après ». De la formation des atomes à celle des planètes et jusqu'aux lettres qui apparaissent l'une après l'autre sur mon écran, ces événements, irréversibles, ne vont plus cesser.

Irréversibles, vraiment ? Ce n'est pas l'avis du physicien Étienne Klein. Ou plutôt, ce dernier conteste le fait que le temps soit toujours « fléché[1] » à partir du Big Bang, c'est-à-dire qu'il s'écoule en un seul sens, et ce, en vertu du deuxième principe de la thermodynamique, lequel postule que, dans tout système clos, le désordre croît avec le temps. C'est ce qu'on appelle l'entropie : une fois sorti du tube, le dentifrice ne peut plus y rentrer ; une fois brisée, la tasse en porcelaine ne peut pas se reconstituer à l'identique (sauf déploiement d'une énergie considérable, très supérieure à celle qu'il a fallu pour fabriquer l'objet initial, et celle qu'il a fallu pour le détruire). Pour expliquer ce principe, Stephen Hawking recourt, quant à lui, à l'analogie du puzzle : « Il y a une et une seule disposition pour laquelle les morceaux formeront un tableau complet. D'un autre côté, il y a un très grand nombre de dispositions dans lesquelles les morceaux sont en désordre et ne représentent rien[2]. » À chaque fois que je retire une pièce du puzzle constitué, j'en perturbe l'ordre et crée des sous-

---

1. Le mot est du physicien Arthur Eddington, dans la première moitié du XXe siècle.
2. Stephen HAWKING, *Une brève histoire du temps*.

puzzles « désordonnés » de plus en plus éloignés du puzzle « ordonné » de départ. Telle est la flèche du temps.

Klein reste, pour ainsi dire, dans la salle de jeux mais se tourne quant à lui vers… le billard. À la suite du physicien Ludwig Boltzmann (1844-1906), il explique que, à l'échelle microscopique, « toutes les équations de la physique sont réversibles » : « L'inverse temporel d'une collision entre deux molécules est aussi une collision entre deux molécules (même si elle est différente de la première collision), de la même façon que l'inverse temporel d'un choc entre deux boules de billard est encore un choc de deux boules de billard. Il n'y a donc aucun moyen de déterminer lequel des deux scénarios correspond au véritable écoulement du temps. En d'autres termes, si l'on filme un événement microscopique et qu'on passe le film à l'envers, ce qui revient à inverser la chronologie de l'événement, aucun spectateur ne pourra se rendre compte qu'il y a eu manipulation[1]. » La conclusion qu'en tire Klein paraît logique : « L'irréversibilité observée serait de fait et non de principe […] De ce fait, le moyen que nous avions de distinguer le véritable écoulement du temps de son inverse, à savoir l'accroissement de l'entropie, perd de sa vigueur. De là à dire que le temps lui-même n'est qu'illusion, il n'y a qu'un pas[2]. » À propos de film, cela me fait penser à un autre chef-d'œuvre de Christopher Nolan, *Tenet* (2020), dans lequel se croisent des personnages situés dans des référentiels de temps différents, l'un tourné « vers le futur » et l'autre « vers le passé ».

Au fond, Étienne Klein remet en question la possibilité de connaître l'origine de l'Univers, et donc du temps.

1. Étienne Klein, *Le temps*, Paris, Flammarion, 1998.
2. *Ibid.*

Il souligne d'abord le caractère infranchissable, à ce jour, du mur de Planck, qui doit son nom au physicien Max Planck (1858-1947), prix Nobel en 1918, l'un des pères de la physique quantique. Le mur de Planck correspond à la durée nécessaire à un photon pour parcourir, dans le vide, la plus petite distance mesurable, soit 10^{-43} secondes. C'est donc également la plus petite durée mesurable, en deçà de laquelle il n'est pas possible d'aller, car les notions mêmes d'espace et de temps s'effondrent – d'où l'idée de « mur ».

Klein explique ensuite que la théorie du Big Bang, dans la mesure où elle dépend conceptuellement de celle de la relativité générale, laquelle est au fond une « simple » théorie de la gravitation revisitée, ne peut prétendre expliquer le « tout » de l'Univers : « Lorsqu'on remonte le cours du temps, la taille de l'univers se réduit progressivement et, au bout de 13,7 milliards d'années, la matière finit par rencontrer des conditions physiques très spéciales, pour ne pas dire extraordinaires, que la relativité générale est incapable de décrire seule, car des interactions fondamentales autres que la gravitation entrent alors en jeu : il s'agit des interactions électromagnétiques, nucléaire faible et nucléaire forte, qui déterminent le comportement de la matière, notamment lorsque celle-ci est à très haute température et à très haute densité[1]. » D'où cette conclusion sans appel, qui invite à remettre l'ouvrage du questionnement – et le mystère du temps – sur le métier : « L'instant zéro qu'on persiste à accoler au Big Bang ne peut donc avoir été un instant physique, le premier instant par lequel l'univers serait passé : c'est un instant fictif inventé par

1. Étienne Klein, *Discours sur l'origine de l'univers*, Paris, Champs-Flammarion, 2010.

l'extrapolation abusive d'une théorie incapable de décrire de manière adéquate un univers très chaud et très dense[1]. »

Évidemment, de la même manière qu'il nous est très difficile de ne pas « situer » l'univers quelque part, dans une sorte de méta- « lieu » contenant tous les autres lieux, il nous est presque impossible d'imaginer un présent sans passé, un aujourd'hui sans hier. Cela défie en effet notre expérience quotidienne du temps : comment penser l'absence de temps alors que notre pensée dépend du temps ? Comment se représenter, dès lors, un autre champ d'investigation des physiciens des XXe et XXIe siècles, à savoir la possibilité d'existence de différents univers, et donc de différents temps ? C'est l'objet du chapitre suivant.

1. *Ibid.*

2.

MULTIVERS ET MULTI-TEMPS

Dans un article scientifique de 1935, le physicien Erwin Schrödinger (1887-1961) propose l'expérience suivante (qui ne sera jamais réalisée, ce qui rassurera les spécistes et les amis des félins) : un chat est enfermé dans une boîte équipée d'un dispositif libérant du gaz mortel dès qu'est détectée la désintégration d'un atome. Selon les principes de la mécanique quantique, tant que cette désintégration n'est pas actée par un observateur, l'atome se trouve dans une superposition d'états, à la fois intact et désintégré. Et puisque, dans cette expérience imaginaire, l'état du chat dépend strictement de l'état de l'atome – les deux sont *intriqués* –, Schrödinger en déduit que le chat est, lui aussi, dans une superposition d'états, à la fois vivant et mort. Il ne « devient », soit l'un, soit l'autre, qu'au moment où l'expérimentateur ouvre la boîte et observe. Le fameux « chat de Schrödinger » vient de naître – si j'ose dire.

On dit parfois qu'Erwin Schrödinger, personnalité complexe, génie de la physique et de la métaphysique[1], n'a imaginé cette expérience que pour provoquer ses confrères (dont Einstein) et poser le problème de l'importance de la mesure et/ou de l'observation dans la physique quantique. Alors qu'en physique classique, la position d'une particule

1. Voir son maître livre, *L'esprit et la matière*, Paris, Éd. du Seuil, 1990.

est définie par l'équation de Newton, elle est définie en physique quantique par une équation d'onde, laquelle tient compte de la dualité onde-corpuscule mise en évidence par Einstein pour la lumière, puis généralisée à toute la matière par le prix Nobel français Louis de Broglie (1892-1987). Schrödinger a formulé cette équation en y incluant la fonction d'onde, qui correspond à la *densité de probabilité de présence* d'une particule en certains points. En effet, à l'échelle quantique, il est impossible de mesurer simultanément la position et la vitesse d'une particule – c'est le fameux principe d'incertitude ou d'indétermination énoncé par Heisenberg en 1927. À travers son « expérience du chat », Schrödinger pointe la difficulté que représente, à l'échelle macroscopique, l'aspect probabiliste de la physique quantique. Qu'une particule puisse être à la fois dans tel état et dans tel autre état, soit ; mais qu'un chat puisse être à la fois mort et vivant... c'est une autre affaire ! Une chose est sûre : le paradoxe du chat souligne une espèce de séparation entre le « monde » quantique, à l'échelle microscopique, dans lequel les états peuvent se superposer, et le « monde » de Newton/Einstein, à l'échelle macroscopique, où règne le déterminisme. Et le temps, dans ces deux « mondes », semble être différent bien que tous deux fassent partie de la même réalité : la nôtre.

Dans les années 1950, un physicien très créatif, Hugh Everett (1930-1982) propose une interprétation de la mécanique quantique qui étend cette dernière à l'univers tout entier et unifie par conséquent le fonctionnement des deux « mondes », le microscopique et le macroscopique. C'est la théorie des univers multiples. Pour faire simple, le chat de Schrödinger serait mort dans un univers, vivant dans un autre – et même vivant ou mort, depuis des durées variées, dans une *infinité* d'univers !

Cette idée des univers multiples, ou l'intuition qu'il existe d'autres univers à côté/à part/voisins/au-delà du nôtre[1] n'est pas nouvelle. On la trouve, sous diverses formes, chez de nombreux philosophes. Dans l'Antiquité, Anaximandre (610-546 av. J.-C.) forge la notion d'infini (*apeiron*) et Démocrite (460-370 av. J.-C.) croit en une pluralité de mondes ; à la Renaissance, Giordano Bruno (1548-1600) affirme qu'« il est d'innombrables soleils et un nombre infini de terres tournant autour de ces soleils[2] » ; à l'époque moderne, Leibniz (1646-1716) écrit que « quand on remplirait tous les temps et tous les lieux, il demeure toujours vrai qu'on les aurait pu remplir d'une infinité de manières, et qu'il y a une infinité de mondes possibles[3] », et D'Alembert que « l'univers est caché pour nous derrière une espèce de voile, à travers lequel nous entrevoyons confusément quelques points ; si ce voile se déchirait tout à coup, peut-être serions-nous bien surpris de ce qui se cache derrière[4] » ; enfin, à l'époque contemporaine, Charles Fourier, dans la première moitié du XIXe siècle, parle d'« omnivers », et David Lewis publie en 1986 un livre qui a fait date, *De la pluralité des mondes*.

Chez les artistes aussi, l'hypothèse de l'existence de plusieurs univers différents a été source d'inspiration.

1. Pour être précis, on peut reprendre la définition de l'univers que donne souvent Aurélien Barrau, à savoir « l'ensemble de ce qui nous est causalement lié », c'est-à-dire ce qui appartient à notre horizon, soit une sphère centrée sur la Terre et dont le rayon est de l'ordre de 45 milliards d'années-lumière.

2. Giordano BRUNO, *L'Infini, l'univers et les mondes*, 1584.

3. Gottfried Wilhelm LEIBNIZ, *Essais de théodicée*, I, 8, 1710.

4. Jean LE ROND D'ALEMBERT, Article « Attraction » de *l'Encyclopédie*, 1751.

En littérature, on peut citer Edgar Allan Poe (1809-1849), passionné de cosmologie comme en témoigne son essai *Eureka*[1], Philip K. Dick (1928-1982) et son chef-d'œuvre *Le Maître du Haut-Château*, ainsi que différents comics (que j'ai découverts pour ma part grâce à mes enfants !) tels *Crisis on Infinite Earths* de Marv Wolfman et George Perez[2] ou *Exiles* de Judd Winick et Mike McKone[3]. Au cinéma et à la télévision, l'intrigue des séries *Stargate* et *Stranger Things* reposent sur l'existence d'univers multiples, tout comme les déclinaisons, par les studios Disney/MCU, de l'univers Marvel, qui exploite volontiers ce thème, comme dans les séries télévisées *Loki* et *WandaVision*, démarrées en 2021. C'est aussi le cas pour le « sous-univers » Spider-Man, avec *Spider-Man : No Way Home* (2021) ou *Doctor Strange in the multiverse of Madness* (2022), au titre éloquent – sans oublier les films d'animation *Spider-Man Into the Spiderverse*, récompensé par un Oscar en 2018, et sa suite *Spider-Man Accross the Spiderverse*, sortie en 2023. Signe des temps ? Il semblerait que le filon du multivers soit de plus en plus exploité dans les films de superhéros.

Mais revenons à la science. À la suite ou en parallèle d'Everett, de nombreux scientifiques s'emparent dans le dernier tiers du XXe siècle, de la question des univers multiples ou du multivers, une question que l'astrophysicien Aurélien Barrau formule de la façon suivante : « S'il existe

1. On y trouve notamment cette phrase surprenante, dont on ne sait pas si elle décrit une intuition des trous noirs ou des trous de ver qui font le lien entre deux univers dans la théorie de Wheeler : « des gouffres béants, plus noirs que l'Érèbe, nous apparaissent comme des échappées ouvertes, à travers les murs limitrophes de l'Univers Sidéral, sur l'Univers illimité du Vide ».

2. DC Comics, série démarrée en 1985.

3. Marvel, série démarrée en 2001.

de multiples planètes, de multiples étoiles, de multiples galaxies, de multiples amas de galaxies, pourquoi n'y aurait-il qu'un univers[1] ? » Certains établissent un lien entre univers multiples et trous noirs[2], en particulier les trous noirs en rotation. À chaque trou noir correspondraient un univers extérieur et un univers intérieur. La structure de l'espace-temps y serait plus complexe qu'ailleurs. Voici comment Aurélien Barrau la décrit : « Les univers extérieurs sont bordés d'un côté par l'infini spatial et de l'autre par l'horizon du trou noir ; les univers intérieurs contiennent chacun une singularité et se subdivisent en plusieurs régions. Chaque fois qu'un horizon est franchi, la direction de l'espace et la direction du temps s'échangent l'une en l'autre. Par conséquent, lorsque l'on franchit deux horizons, on émerge dans un univers qui est relativement similaire au nôtre. La singularité qui se trouve dans un trou noir en rotation est une sorte d'anneau. On peut donc soit la survoler, soit la traverser. Elle n'est plus une inéluctable "fin des temps"[3]. »

D'autres encore travaillent sur l'idée, ou l'intuition, selon laquelle il existerait, non seulement un nombre infini d'univers, mais des lois physiques propres à chacun de ces univers en nombre infini – singularité que permettrait d'envisager une « nouvelle » physique des particules appelée théorie des cordes[4]. Ces lois distinctes seraient

1. Aurélien BARRAU, « Des univers multiples ? », *La Vie des idées*, 24 septembre 2008.

2. Voir chapitre précédent.

3. Aurélien BARRAU, « Des univers multiples ? ».

4. Selon cette théorie, l'univers serait constitué d'un seul type d'objet élémentaire fonctionnant comme la corde d'un instrument de musique : sa « nature » dépendrait de son mode vibratoire, c'est-à-dire de sa tension et donc de sa forme (ouverte ou fermée), de son orientation et, *in fine*, de sa charge en énergie.

« capables », ou non, d'induire l'existence de structures complexes telles que la chimie du carbone, base de la vie sur terre. De qui dépendrait la possibilité même de ces lois différentes ? De Dieu ? Du hasard ? Nul ne le sait, bien sûr, et cela dépasse l'horizon de la science. Nous y reviendrons un peu plus loin.

D'autre part, certains chercheurs, tel Alan Guth, estiment qu'au Big Bang a succédé une phase d'expansion à la fois ultra rapide (une période comprise entre 10^{-36} et 10^{-33} seconde) et ultra intense (facteur de croissance d'au moins 10^{26}), qu'on appelle l'inflation cosmique. Sur cette base, le physicien russo-américain Andreï Linde imagine que l'inflation a pu s'arrêter dans certaines zones de l'Univers, et se poursuivre dans d'autres. Là où l'inflation prend fin, l'univers ainsi créé se « referme » sur lui-même, formant une espèce de bulle. Mais puisque l'inflation se poursuivrait « ailleurs », il y aurait donc génération éternelle d'une infinité d'« univers-bulles » – comme par l'effet d'un canon à mousse !

Dans chacun de ces univers, en vertu des possibilités ouvertes par la théorie des cordes, des lois physiques singulières s'exerceraient et produiraient des résultats qui, s'ils nous étaient accessibles, nous troubleraient : « Des mondes sans matière, des mondes sans lumière, des mondes à sept dimensions, des mondes purement chaotiques, des mondes parfaitement harmonieux, des mondes aux forces multiples, des mondes sans force[1]... » Cela conduit à penser que notre univers, notre « bulle à nous », serait simplement celui qui aurait présenté les meilleures conditions pour l'émergence de ses caractéristiques et déterminations, à commencer par l'existence de la vie

1. Aurélien Barrau, « Des univers multiples ? ».

– bref, une « extraordinaire adéquation entre les lois de notre Univers et celles requises pour l'apparition d'êtres vivants[1] ». Cela rejoint ce qu'on appelle le principe anthropique, selon lequel l'univers n'existe que parce que nous avons conscience qu'il existe : si les conditions n'avaient pas été réunies par et dans l'univers pour que l'être humain existe, la question de l'existence de l'univers, et *a fortiori* celles de son fonctionnement, de son origine, de ses lois, etc., ne se poseraient pas.

Dans son livre déjà cité[2], Thomas Hertog révèle que Stephen Hawking, à la fin de sa vie, travaillait sur une théorie qui, par certains aspects, peut paraître encore plus radicale que celles reposant sur le principe anthropique. Selon lui, notre univers serait le fruit d'un double processus de variation et de sélection, un processus qui ressemble à celui que Darwin applique pour l'évolution des êtres vivants. En d'autres termes, les lois qui gouvernent la physique, si propices à la vie, résulteraient d'une sorte de sélection darwinienne.

Ces différentes théories et hypothèses visent notamment à répondre à la question suivante : comment expliquer que l'univers semble tenir à un fil et fonctionner à partir de « réglages » extrêmement fins (*fine tuning*) ? En effet, il suffirait par exemple que la constante de Planck[3] varie d'un millionième d'unité pour que l'univers disparaisse… Comment la « constance » de la constante est-elle assurée ? Y a-t-il, derrière cette réalité, un *dessein* ? Les croyants peuvent y voir la main de Dieu ; les autres, le hasard ou la sélection.

---

1. *Ibid.*
2. Thomas HERTOG, *L'origine du temps.*
3. Dont la valeur est conventionnellement fixée depuis 2019 à $h = 6{,}626\,070\,15 \times 10^{-34}$ Joule/seconde.

Autre théorie liée au multivers, celle des boucles – on remarquera que, dans ce champ de l'investigation scientifique, à la fois si étrange et si éloigné des cadres épistémologiques habituels, les chercheurs sont obligés de recourir à des métaphores parfois triviales, non seulement pour se faire comprendre, mais aussi pour appréhender au mieux ce qu'ils découvrent ; tout cela, je dois le dire, rend leur travail assez poétique.

Le scientifique le plus éminent parmi ceux qui travaillent sur la théorie des boucles est sans doute Carlo Rovelli. Dans *Sept brèves leçons de physique*[1], il explique son hypothèse, qui renouvelle complètement les notions d'espace et de temps. Elle ambitionne de combiner les deux grandes théories d'explication de l'univers, que nous avons déjà rencontrées à plusieurs reprises : la relativité générale et la mécanique quantique. Selon la première, l'espace est un champ dynamique, « une espèce d'immense mollusque mouvant [...] qui peut se comprimer et se tordre[2] », dit Rovelli. Quant à la mécanique quantique, elle nous apprend que l'espace physique est fait de quanta et possède une structure granulaire. En conjoignant les deux, relativité générale et mécanique quantique, la théorie des boucles conclut que l'espace physique n'est pas continu mais qu'il est formé d'« atomes d'espace ». « On les appelle boucles, ou anneaux, écrit Rovelli, parce que chaque atome d'espace n'est pas isolé, mais relié à d'autres, formant un réseau de relations qui tisse la trame de l'espace physique comme des anneaux de fer tissent une cotte de mailles[3]. » Mais la théorie des boucles ne s'arrête pas là :

---

1. Carlo Rovelli, *Sept brèves leçons de physique*, Paris, Odile Jacob, 2014.
2. *Ibid.*
3. *Ibid.*

réévaluant notre conception de l'espace, elle modifie également de A à Z notre approche du temps.

Non seulement l'espace continu disparaît, mais le temps lui-même n'est plus cette flèche qui s'écoule comme le fleuve d'Héraclite. Cela n'a rien à voir avec une quelconque immobilité mais signifie plutôt que « les processus élémentaires ne peuvent pas être ordonnés dans une succession d'instants commune » et que « la danse de la nature ne s'effectue pas au rythme de la baguette d'un seul chef d'orchestre, d'un seul temps : chaque processus danse indépendamment de ses voisins, à son propre rythme[1] ». Il n'y aurait donc pas *un* Temps mais *des* temps. L'une des implications de la théorie des boucles, dans la mesure où elle périme l'idée même d'infini, est que le Big Bang n'est plus un « big bang » mais un… « *big bounce* », c'est-à-dire, en anglais, un « grand rebond ». En effet, l'univers « rebondirait » entre des cycles de contraction et des cycles d'expansion, et *notre* univers serait donc moins un « espace » issu d'un *big bang* qu'une phase d'expansion inaugurée par un *big bounce*. L'idée même d'une origine de l'univers disparaît *de facto*.

Ce qui est fascinant, et vertigineux, dans l'idée que « coexistent » de multiples univers formant un multivers, c'est d'« imaginer » que chacun d'eux serait régi par un temps singulier – singulier dans sa nature *et* sa mesure. Pourquoi ne pas imaginer que tous ces temps seraient eux-mêmes compris dans une sorte de méta-temps ? Ce méta-temps serait-il ce qu'on appelle l'éternité de Dieu ? En tant que croyant et scientifique de formation, j'avoue que l'hypothèse me séduit. On lit aussi sous la plume de saint Thomas d'Aquin, docteur de l'Église, la phrase suivante :

1. *Ibid.*

« L'éternité inclut tous les temps[1]. » Certes, il faut comprendre ici que l'éternité est le principe du temps mesurable, comme l'un est le principe du multiple. Mais est-ce finalement si éloigné de l'idée d'un temps qui « surplombe » tous les temps ?

La dernière question inévitable, à l'issue de ce parcours dans les méandres du multivers, est la suivante : peut-on passer d'un univers à l'autre, et si oui, comment ? La théorie des « trous de ver », qui ne se limite pas à la question du multivers, pourrait apporter une réponse. Le « trou de ver » est un raccourci dans l'espace-temps qui permet de voyager à travers le temps et l'espace. Il prend la forme d'un tunnel entre deux trous noirs où la gravité serait compensée et supplantée par des états quantiques d'énergie négative – le tunnel resterait ainsi « ouvert ». Ces trous noirs pourraient d'ailleurs être les deux extrémités d'une « corde » dans la théorie du même nom.

Ici, je ne puis m'empêcher de penser à deux monuments de la littérature mondiale. Le premier, qui a marqué les jeunes années de mes enfants, c'est *Harry Potter*. Pour se rendre à Poudlard, l'école de magie où il va être formé, laquelle semble appartenir à un « monde parallèle » bien qu'elle soit située dans les Highlands[2], le jeune sorcier doit en effet emprunter un quai de la gare de King's Cross, mais pas n'importe lequel : la voie numéro 9 ¾… Bien sûr, elle n'est indiquée nulle part et le jeune garçon ne la trouve pas. Elle se dissimule en fait dans un pilier situé entre la voie numéro 9 et la voie numéro 10 : lorsque le garçon fonce dedans avec son chariot à bagages, le pilier

---

1. THOMAS D'AQUIN, *Summa Theologica*, I, q. 10, a. 2, ad. 4 ; voir *ibid.*, q. 13, a. 1, ad. 3.

2. Elle est en tout cas invisible et inaccessible aux « moldus », les personnes « ordinaires » dépourvues de dons de magicien.

s'ouvre comme par enchantement et Harry se retrouve « de l'autre côté », où l'attend le Poudlard Express. J.K. Rowling se serait-elle inspirée de la théorie des « trous de ver » ?

Quant au deuxième livre, son écriture est bien antérieure à la formulation de cette théorie : il s'agit d'*Alice au pays des merveilles*. La première version écrite au début des années 1860 par Lewis Carroll n'était pas destinée qu'aux enfants ; on peut d'ailleurs en faire une lecture scientifique, avec la question des univers multiples en toile de fond. Le début du conte, notamment, fait écho à tout ce que je viens d'évoquer. C'est le moment où Alice rejoint le Pays des merveilles à travers… le terrier d'un lapin ! Là encore, on n'est pas loin du trou de ver. Au départ, nous dit Lewis Carroll, lorsqu'Alice voit passer un lapin qui parle, nulle surprise. Ce qui déclenche en revanche la curiosité de la petite fille, et représente en quelque sorte le basculement dans une autre réalité, c'est lorsque ce même lapin sort une montre de sa poche – étrangeté de la poche (sur une peau de lapin ?) et, surtout, de la montre. Que cette fable-parabole commence par l'objet qui, entre tous, symbolise le temps est évidemment loin d'être anodin.

La suite est également savoureuse : Lewis Carroll donne l'impression de jouer avec les différentes dimensions de l'espace (« Pendant un bout de chemin le trou allait tout droit comme un tunnel, puis tout à coup il plongeait perpendiculairement… ») et avec le caractère interchangeable du temps et de l'espace : « Ou le puits était vraiment bien profond, ou elle tombait bien doucement. » Et la chute de la petite fille est elle-même une sorte de voyage à travers l'espace-temps : le fond est « trop sombre pour y rien voir » (comment ne pas penser aux trous noirs ?), les parois du tunnel semblent donner accès à différents mondes, symbolisés par des « armoires » et des « étagères », où l'enfant trouve un étrange pot de marmelade d'orange vide, ainsi que des « cartes géographiques ». Et pendant ce temps, la chute dure et dure, au point qu'Alice se demande si elle ne va pas débarquer « de l'autre côté de la terre ». Mais, avant que la chute se termine, elle s'assoupit – un demi-sommeil ? un sommeil à l'intérieur du sommeil ? – et des questions lui viennent qui défient la logique, l'espace et la causalité. Elle songe à sa chatte Dinah restée seule à la maison, elle la voudrait à ses côtés mais se demande si Dinah trouverait des souris à se mettre sous la dent dans ce tunnel – un tunnel qu'elle situe « dans les airs » alors qu'il se trouve sous terre… Dans les airs, il est vrai que Dinah pourrait attraper une chauve-souris. Mais… « les chats mangent-ils les chauves-souris ? » s'interroge Alice, somnolente, avant de renverser la question sans y prêter attention : « Les chauves-souris mangent-elles les chats ? » Un mot a remplacé l'autre ? Et le narrateur d'expliquer, d'une manière qui rappelle Schrödinger : « Puisqu'elle ne pouvait répondre à aucune de ces questions, peu importait dans quel sens elle les posait. » Finalement, un chat et une chauve-souris interchangeables, la réversibilité, le temps élastique, l'espace qui se tord : *Alice au pays des merveilles* ne serait-il pas un conte quantique ?

3.

OBSESSION NUMÉRIQUE ET ÉTERNITÉ INTÉRIEURE

Un dixième de millionième de milliardième de milliardième de milliardième de milliardième de seconde. C'est la plus petite durée mesurable, ce qu'on appelle le temps de Planck, déjà évoqué au premier chapitre. Max Planck (1858-1947), prix Nobel en 1918, est à l'origine de l'un des piliers de la mécanique quantique, à savoir la notion de quantité discontinue (quantum), qui trouve un prolongement dans le principe de la dualité ondulatoire et corpusculaire des particules. Alors que les unités de temps communes reposent toutes sur notre environnement galactique proche[1], Planck recherche, lui, une mesure du temps valable à l'échelle de l'univers. Cela dit, même si elle témoigne d'une fantastique ouverture d'esprit, son approche continue de s'inscrire dans une habitude ancestrale, qui n'est pas le lot des seuls savants : mesurer le temps, le traduire en nombre. C'est un tropisme presque obsessionnel, qui en dit long sur la fascination exercée par le temps, et l'angoisse que véhicule son inexorable écoulement – je reviendrai dans la deuxième partie de ce livre sur ce point.

Aussi loin que l'on puisse remonter dans la mémoire matérielle et immatérielle de l'humanité, on rencontre non

1. Une année correspond à la rotation d'une planète particulière, la Terre, autour d'une étoile particulière, le Soleil ; le jour, à la rotation de la Terre sur elle-même ; les heures, minutes, secondes sont des portions conventionnellement divisées du jour, etc.

seulement la conscience du temps mais le besoin de le mesurer, d'en enregistrer le passage, même grossièrement, sous forme de comptage. C'était peut-être déjà le cas il y a quinze mille ans, à l'époque paléolithique. Telle est en tout cas la conviction du paléontologue allemand Michael Rappenglück, qui voit dans les vingt-neuf petits disques ornant l'une des parois de la Salle des taureaux, à Lascaux, le premier « calendrier » lunaire. Il est assez émouvant d'imaginer nos lointains ancêtres égrenant les nuits – nuits passées ? nuits à venir ? nuits d'attente de la saison de la chasse, c'est-à-dire du retour des troupeaux de bêtes sauvages, d'où ce dessin à côté des silhouettes de taureaux ? nuits de repos après des journées de labeur ? nuits d'existence d'un nouveau-né ? La réponse reste littéralement hors du temps.

Quoi qu'il en soit, l'archéologue Geoffrey N. Bailey décèle dans le comportement des chasseurs-cueilleurs du Paléolithique une véritable conscience du futur, notamment par leur façon de planifier les apports en nourriture, alors que leur survie dépend précisément de la saisonnalité : « La budgétisation et l'utilisation du temps comme ressource pour assurer l'efficacité des tâches de subsistance permettent d'identifier des structures temporelles implicites[1]. »

Dès l'aube de l'humanité, donc, le temps qui passe est scruté et compté, dans les étoiles, le climat, la faune et la flore. La première « unité » de mesure est binaire : c'est l'alternance nuit/jour[2]. On peut lui associer celle des

1. Geoffrey N. Bailey, « Concepts of time in quaternary prehistory », *Annual review of anthropology*, 1983.

2. Remarquons au passage que cette façon de compter le temps, inscrite au plus profond de notre humanité, est toujours très prégnante : on la retrouve dans le langage des enfants, qui se repèrent en nombre de « dodos ».

saisons, également binaire dans son principe : le décompte du temps repose sur le cycle disparition/apparition des caractéristiques climatiques saisonnières (froid, chaleur, précipitations, vent, etc.). Dans la mesure où elle exige plus de mémoire, on estime que l'alternance des saisons, d'une année sur l'autre, engendre un rapport au temps différent de celui du quotidien, notamment quant au passé, à l'histoire individuelle et collective. Elle laisse une place plus grande au « flou » et crée des brèches, des interstices, par où se glisse une réalité approximative, contrefaite, fantasmée, terreau idéal des légendes et des mythes.

Aux premiers âges de l'histoire, certains « outils » de repérage dans le temps sont spectaculaires. C'est le cas du complexe mégalithique de Stonehenge : il y a deux ou trois mille ans, les ancêtres des Celtes qui peuplaient la Grande-Bretagne avant l'ère chrétienne y dressèrent de gigantesques pierres dans un ordre leur permettant de déterminer les solstices d'hiver et d'été. À la même époque, les Égyptiens sont bien plus avancés et connaissent déjà l'écriture, qui est une première manière de figer le temps : *verba volant, scripta manent*. Ils savent aussi le mesurer à une échelle quotidienne : après s'être servi, dès 3500 av. J.-C., de l'ombre des obélisques pour estimer l'avancée du jour, ils inventent le cadran solaire à dix sections vers 1500 av. J.-C..

Un seuil d'abstraction et de projection est franchi lorsqu'apparaît le calendrier, qui exprime la volonté de se repérer dans le temps, à des fins essentiellement économiques (agriculture, élevage, artisanat) et religieuses. Le calendrier suppose un niveau d'observation plus fin que la seule succession des jours et des nuits, notamment l'analyse des états de la lune ou du mouvement des étoiles. D'un bout à l'autre de la planète, le processus est étonnamment similaire et l'on trouve des calendriers solaires, lunaires, ou luni-solaires dans les plus anciennes civilisations, chez les Babyloniens, les Hébreux, les Romains, les Germains, mais aussi les Chinois, les Perses, les amérindiens Winnebago, les Borana d'Afrique de l'Est, les Mayas, les Inuits, les Indiens du Gange ou ceux du Kerala, etc.

Certains de ces calendriers renvoient aux dieux et à leurs épiphanies, à travers des fêtes honorifiques et des commémorations – voire, carrément, des « anniversaires de naissance », celui de la Terre dans le calendrier juif, ou celui du Fils de Dieu dans le calendrier chrétien[1]. Plus ils sont sophistiqués, plus ils donnent l'impression d'exprimer une volonté de maîtriser le temps, non pas tant pour jouir de l'instant présent que pour se préparer aux aléas futurs. C'est le cas par exemple du calendrier aztèque[2] : fondé sur deux cycles principaux, un cycle sacré de 260 jours et le cycle solaire ordinaire, il était utilisé à la fois à des fins religieuses et divinatoires, et à des fins agricoles ; chaque jour était représenté par une combinaison unique de signes (animaux, objets) et de nombres (de 1 à 13) ; il était conçu pour se répéter tous les 52 ans, un intervalle qui reflétait le renouvellement de l'ordre cosmique.

---

1. Également appelé calendrier grégorien, du nom du pape Grégoire XIII (1502-1585) qui, en 1582, prit la décision de supprimer dix jours du calendrier en vigueur, le calendrier julien, pour retrouver la concordance entre l'équinoxe de printemps et la date du 21 mars. Le calendrier grégorien est aujourd'hui le calendrier conventionnel des instances internationales, alors que des pans entiers de l'humanité ont, en parallèle, recours à des calendriers spécifiques, que soit le calendrier chinois, le calendrier hébraïque ou le calendrier hégirien (musulman).

2. Civilisation qui s'est épanouie entre le XIVe et le XVIe siècle, dans l'actuelle région de Mexico.

Grâce aux développements plus récents de la science, en particulier l'astronomie et la physique moléculaire, la « mathématisation » du temps finit par aboutir à une mesure exacte des principaux intervalles qui servent à son découpage. Ainsi le mois lunaire (ou lunaison), qui court d'une pleine lune à l'autre, dure 29 jours, 12 heures, 44 minutes et 3 secondes ; l'année solaire (ou année tropique), à savoir le temps que met la terre pour accomplir une révolution entière autour du soleil (révolution sidérale), dure, quant à elle, 365,24219052 jours ; la seconde est définie par une propriété atomique de la matière, à savoir la durée de 9 192 631 770 périodes de la radiation correspondant à la transition entre deux niveaux d'énergie de l'atome de césium 133.

L'histoire de l'observation, de l'enregistrement et de la mesure du temps est d'une richesse et d'une diversité incommensurables. Encore n'ai-je rien dit, ou presque, de tous les dispositifs dont l'être humain s'est servi, depuis cinq millénaires, pour égrener les heures et organiser celles qui lui échoient : les lampes à huile, les bougies marquées, les clepsydres, les sabliers, les horloges (mécaniques, à quartz, atomiques) et montres de toutes sortes, sans parler des almanachs, des agendas, des cahiers de texte qu'utilisent encore certains écoliers, et des applications sur smartphone dont nous bénéficions de nos jours.

Si l'on réduit la focale et qu'on s'intéresse à la seule pensée occidentale, on observe qu'un grand nombre de savants et philosophes établissent un lien parfois étroit, voire nécessaire, entre temps et nombre. Parmi eux, je voudrais distinguer Platon (428-348 av. J.-C.) et Aristote (384-322 av. J.-C.), les deux grandes figures matricielles de l'Antiquité.

Je commence par Aristote, même si c'est le cadet des deux, car sa définition du temps est lapidaire : « Le temps est le nombre du mouvement selon l'antérieur et le postérieur[1]. » Le temps n'est donc que l'expression numérique – le nombre, ou quantité, étant l'un des moyens privilégiés pour définir toute chose – d'une succession d'un avant et d'un après. Pour être encore plus précis, chez Aristote, nous explique Rémi Brague, « le temps est ce par quoi le mouvement est structuré selon l'avant et l'après, ce par quoi l'avant et l'après reçoivent une structure numérique, c'est-à-dire ce qui leur permet d'être à la fois un et deux [...] Le temps naît quand nous pensons les maintenant (s) comme deux, alors qu'il n'y en a qu'un, et parce qu'il n'y en a qu'un. Le temps les maintient ensemble comme déchirés. Si l'on peut risquer la formule, on dira : le temps est le maintenant des maintenants[2] ».

Mais ce tropisme numérique est aussi présent, sous un autre angle, chez Platon : sa conception du temps est certes différente[3], mais elle est fortement liée, elle aussi, au nombre. On lit en effet dans le *Timée* que le démiurge[4] « invente une image mobile de l'éternité », c'est-à-dire qu'il « forme sur le modèle de l'éternité immuable dans l'unité, l'image de l'éternité marchant suivant le *nombre*[5] ». Rémi Brague propose même de cette phrase la traduction explicative suivante, qui met encore plus l'accent sur la notion de nombre : « Il eut l'idée de faire une image mobile

1. Aristote, *Physique*, IV, ch. 10 et Ss.
2. Rémi Brague, *Du temps chez Platon et Aristote*, Paris, PUF, 1982.
3. Elle procède de la participation du monde sensible au monde des idées : le temps n'est qu'une « image » de l'éternité.
4. Dieu, l'Un, le Père, l'Eternel.
5. Platon, *Timée*, 37d.

du contenu noético-numérique du Vivant. Il donna donc à l'ensemble des corps célestes une répartition ordonnée. Ce faisant, il fabrique une image de ce contenu. Alors que ce contenu reste sur place, le ciel qui en est l'image avance en suivant le nombre qui exprime ce contenu, ce nombre même que nous appelons temps[1]. » D'ailleurs, avec le temps sont créés les référentiels qui permettent de le mesurer ou de le compter : « Dieu, pour produire le temps, fit naître le soleil, la lune et les cinq autres astres que nous appelons planètes, afin de marquer et de maintenir les mesures du temps[2]. »

À la définition aristotélicienne du temps par le nombre, plusieurs auteurs des siècles suivants reprocheront de délaisser le temps comme tel, dans son essence, en le corrélant abusivement au mouvement. C'est par exemple le cas, au IIIe siècle apr. J.-C., de Plotin. Selon lui, le temps existe avant et en dehors de sa mesure. Platonicien convaincu, il montre que le temps naît de l'éternité par le canal de l'âme : chaque âme individuelle participe de l'âme du monde. « Le temps, dit Plotin, est la vie de l'âme consistant dans le mouvement par lequel elle passe d'un état de vie à un autre. » En somme, le temps est dans l'âme individuelle comme l'éternité est dans l'âme du monde : « Si l'éternité est un état d'âme au repos, immuable et illimitée, le temps doit exister comme une image de l'éternité[3]. » Cette « localisation » du temps à l'intérieur de la psyché porte en germe la révolution conceptuelle que lance un siècle et demi plus tard un lecteur indirect de

1. Rémi Brague, *Du temps chez Platon et Aristote.*
2. Platon, *Timée*, 38c.
3. Plotin, *Les ennéades*, III, X.

Plotin, lui aussi préoccupé par l'articulation entre éternité divine et temporalité humaine : saint Augustin (354-430).

L'évêque d'Hippone appréhende la question du temps d'une manière souvent résumée par la fameuse phrase tirée du livre XI de ses *Confessions*, déjà citée dans l'introduction de cette première partie[1]. Il y parle à la première personne, et cette prégnance du « je » montre à elle seule que, pour lui, la clé du temps est à rechercher, non à l'extérieur, par la mesure ou la définition métaphysique, mais à l'intérieur, par l'expérience subjective. En poursuivant la lecture de ce passage, on saisit mieux encore ce qui fait l'originalité de sa pensée, sa modernité et son actualité : « Je puis néanmoins dire hardiment que je sais que si rien ne se passait, il n'y aurait point de temps passé ; que si rien n'advenait, il n'y aurait point de temps à venir ; et que si rien n'était, il n'y aurait point de temps présent[2]. » Cette observation le conduit ainsi à identifier trois types de « temps présent » : « À proprement parler, on ne saurait dire qu'il y ait trois temps, le passé, le présent et le futur. Mais peut-être pourrait-on dire avec vérité, qu'il y a trois temps, le présent des choses passées, le présent des choses présentes, et le présent des choses futures. Car je trouve dans l'esprit ces trois choses que je ne trouve nulle part ailleurs : un souvenir présent des choses passées, une attention présente des choses présentes, et une attente présente des choses futures[3]. » À la suite de Plotin[4],

1. « Qu'est-ce donc que le temps ? Si personne ne me le demande, je le sais bien ; mais si on me le demande, et que j'entreprenne de l'expliquer, je trouve que je l'ignore. »

2. Augustin d'Hippone, *Les confessions*, XI, XIV.

3. *Ibid*, XI, XX.

4. Le mot grec *psyché* utilisé par Plotin se traduit habituellement par *âme* et le mot latin *animus* utilisé par Augustin se traduit habituellement par *esprit* ; nonobstant cette différence de langue, les deux

il établit un lien nécessaire entre le temps et la vie de l'esprit, au point d'affirmer : « C'est en toi, mon esprit, que je mesure le temps. » On est loin d'Aristote !

La mèche qu'allume Augustin en faisant du temps une réalité *intime* avant toute autre détermination va embraser des pans entiers de la pensée occidentale, et reste incandescente jusqu'à nos jours : « Le temps, de catégorie cosmique qu'il était chez Platon, Aristote et Plotin, devient chez Augustin, catégorie psychologique. [...] En liant le temps à la vie, précisément, de l'âme humaine, Augustin créa la condition d'une interprétation du temps qui, plus tard, plus de mille ans après, a reçu le nom de transcendantalisme, chez Kant[1], Fichte, Husserl et Heidegger », écrit l'historienne Maria Koutlouka[2].

Ces mille ans, nous allons les enjamber pour rejoindre deux auteurs de la fin du XIXe siècle et du début du XXe siècle, Henri Bergson (1859-1941) et Marcel Proust (1871-1922). Mais, avant cela, je ne puis faire l'impasse sur un immense penseur du temps, Georg Wilhelm Friedrich Hegel (1770-1831). Sa réflexion sur ce sujet, à l'instar du reste de son système philosophique, n'est pas des plus faciles à comprendre, surtout quand on n'est pas philosophe de formation, ce qui est mon cas. À vrai dire, c'est

---

mots désignent deux réalités suffisamment semblables pour qu'on puisse établir une parenté conceptuelle entre les pensées des deux auteurs.

1. Dans la *Critique de la Raison pure* (1781), ouvrage consacré aux facultés de l'esprit et à la connaissance, Kant explique qu'on ne peut connaître le temps en soi par l'expérience, car il est une forme a priori de la sensibilité. Comme l'espace, il « donne forme » à ce que j'expérimente. Le temps n'existe donc pas réellement, il relève de l'esprit.

2. Maria Koutlouka, « La notion de temps, de l'antiquité au christianisme », *Platonisme et néoplatonisme*, Paris, Académie des Inscriptions et Belles-Lettres, 1991.

un petit livre de Bernard Bourgeois, éminent spécialiste de Hegel, dont il a traduit plusieurs œuvres, qui m'a incité à creuser ce que ce philosophe dit du temps. Il s'agit de *La pensée politique de Hegel*[1], dont voici l'extrait qui a piqué ma curiosité : « On ne comprend jamais qu'au passé, et le présent est toujours, chez Hegel, saisi en même temps par un regard rétrospectif, le regard de celui qui a d'emblée dépassé ce présent. Jeune, Hegel a déjà le regard de celui que ses camarades de Tübingen appelleront le "vieil homme"[2]. » Ce livre m'a conduit aux travaux d'un autre spécialiste de Hegel, Christophe Bouton, qui se trouve être par ailleurs spécialiste… du temps[3] !

Il est intéressant de remarquer, alors que les deux premiers chapitres de cet ouvrage nous ont fait voyager parmi les astres, qu'Hegel compose les premiers linéaments de sa théorie sur le temps à l'époque où il devient professeur à l'université d'Iéna, poste que lui vaut la soutenance d'une thèse de physique sur… les orbites des planètes ! Chez lui, comme chez tant d'autres, nous l'avons vu, l'analyse du temps suppose la mise en relation de ce dernier avec l'espace. Contrairement à l'espace, toujours identique à lui-même, le temps est « pris » dans une sorte de « chassé-croisé ». Si tel objet n'est pas déplacé, il reste où il est : la position spatiale ne change pas. En revanche, même si l'objet en question ne bouge pas, sa position temporelle n'est plus la même, puisque le présent est nié par

1. Bernard Bourgeois, *La pensée politique de Hegel*, Paris, PUF, 1969.

2. *Ibid.*

3. On pourra notamment consulter les ouvrages suivants : *Temps et esprit dans la philosophie de Hegel* (Paris, Vrin, 2000), *Le temps de l'urgence* (Lormont, Le Bord de l'Eau, 2013), *Faire l'histoire* (Paris, Éd. du Cerf, 2013), *L'accélération de l'histoire. Des Lumières à l'anthropocène* (Paris, Éd. du Seuil, 2023).

l'avenir, celui-ci faisant en permanence « glisser » celui-là dans le passé. Comme l'écrit Christophe Bouton, « le passé est l'être dans son passage vers le non-être et l'avenir est le non-être dans son passage vers l'être[1] ».

Nous touchons là un aspect majeur du temps selon Hegel : sa négativité. Pour un ingénieur comme moi, la façon dont le philosophe explique les rapports qu'entretiennent le présent, le passé et le futur est très éloquente – je me les représente sous forme d'équation mathématique, avec les signes « moins » et « plus » adéquats. Tout d'abord, Hegel distingue le « présent » du « maintenant ». Le maintenant est une limite entre le passé et l'avenir, l'avant et l'après, ce qui est et ce qui n'est plus. En ce sens, le maintenant « est immédiatement le contraire de lui-même » – bref, il se dépasse[2] lui-même et « n'est déjà plus quand il est[3] ». Quel est ce non-être du maintenant ? L'avenir. Cela dit, l'avenir a beau être négation du maintenant, il en est inséparable, et *vice versa*. Ainsi Hegel ira jusqu'à expliquer que le maintenant et l'avenir n'existent pas en tant que tels ; n'existe en réalité que « la relation des deux l'un avec l'autre[4] ». Et cette relation existe au présent, « le ceci absolu du temps[5] ».

Et le passé, alors ? Pour Hegel, il est « la vérité du temps[6] ». « Le passé est également une forme active de

---

1. Christophe BOUTON, « La dialectique du temps », Jean-Michel BUÉE et Emmanuel RENAULT (dir.) *Hegel à Iéna*, Paris, ENS Éditions, 2015.
2. Dépassement se traduit en allemand par *Aufhebung*, concept clé dans la philosophie hégélienne.
3. Georg Wilhelm Friedrich HEGEL, *Phénoménologie de l'esprit*, 1807.
4. Georg Wilhelm Friedrich HEGEL, *Philosophie de la nature*, Paris, Vrin, 2004.
5. *Ibid.*
6. *Ibid.*

négativité, écrit Christophe Bouton. Au sens strictement logique, il est la négation de la négation du maintenant. En tant que la négation de la négation est elle-même affirmation, la négation de la négation du maintenant est affirmation du maintenant[1]. » Cela signifie-t-il que le passé, compte tenu de son caractère d'« affirmation du maintenant » n'est autre que le présent ? Le temps ne serait-il au fond qu'un éternel retour ? Non, car « le présent reste éternellement le présent, nous dit Bouton, ce sont les événements situés en lui qui passent[2] ». Passé et présent ne se confondent pas : soit l'événement disparaît dans le néant (comme la plupart des événements de notre quotidien, comme le fait de respirer ou de satisfaire nos besoins primaires), soit il est « conservé par l'esprit dans une histoire[3] ». C'est ainsi que, selon Bouton, la philosophie de Hegel nous permet de définir le temps comme « la totalité dialectique des trois moments du maintenant, de l'avenir et du passé [...], le processus du maintenant-dépassé-par-l'avenir-devenant-passé[4] ».

Comme on va le voir, ce modeste aperçu de la dialectique du temps chez Hegel, dont Maurice Merleau-Ponty (1908-1961) disait en 1948 qu'il était « à l'origine de tout ce qui s'est fait de grand en philosophie depuis un siècle[5] », trouve un écho chez deux géants de la pensée et de la littérature que je voudrais évoquer maintenant. Ils sont quasi contemporains, la durée de vie de l'un (le cadet) entrant tout entière dans celle de l'autre (l'aîné). L'un est philosophe, Bergson, l'autre est romancier, Proust.

---

1. Christophe Bouton, « La dialectique du temps ».
2. *Ibid.*
3. *Ibid.*
4. *Ibid.*
5. Maurice Merleau-Ponty, *Sens et non-sens*, Paris, Nagel, 1948.

Quand on lit Bergson, on perçoit une sorte d'agacement. C'est comme s'il luttait contre une imposture – une imposture qui procéderait du « compagnonnage » ambigu unissant l'espace et le temps, dont j'ai déjà maintes fois parlé. Pour lui, ce compagnonnage est un phagocytage : sous les oripeaux du temps mesurable dont traite la pensée occidentale depuis près de vingt-cinq siècles, se dissimule en réalité… l'espace. Un peu comme le loup du *Petit Chaperon rouge*, l'espace a mangé le temps et enfilé sa chemise de nuit. Pour preuve, le découpage qu'on en fait habituellement : linéaire, enchaînant le passé, le présent et le futur dans une succession parfaitement séquentielle[1]. C'est ce que Bergson appelle le « temps spatialisé ».

Cette notion me fait penser… au rugby ! Étant un inconditionnel de ce sport – avoir été capitaine de l'équipe de l'École polytechnique n'est pas la moindre de mes fiertés ! – j'ai eu la chance, il y a peu, de pénétrer dans le « saint des saints » du rugby français : la salle du conseil du Centre national de rugby de Marcoussis. J'y ai été frappé par une sorte de longue « frise » constituée de photos – une par match – et destinée à représenter l'évolution du XV de France depuis l'arrivée de Fabien Galthié à sa tête. De façon très intéressante, cette frise est connue dans l'univers du XV de France sous le nom de « flèche du temps », concept sur lequel nous reviendrons au chapitre suivant. J'ignore si Bergson était un fan de rugby mais j'ose imaginer qu'il aurait compris l'intérêt pédagogique d'une telle « spatialisation du temps » ! En effet, cette frise vise à motiver les joueurs en leur faisant toucher du doigt que leur performance, bonne ou mauvaise, s'inscrit dans

1. Une conception à rapprocher du « temps fléché », voir chapitre suivant.

une histoire qui les dépasse, commencée avant eux et poursuivie après eux – une histoire qui ajoute de la valeur, de la grandeur, à leur propre histoire. J'aurai l'occasion de revenir sur cet extraordinaire pouvoir du temps : il donne à nos existences, et aux actions qui les ponctuent, une dimension transcendante.

Mais revenons à Bergson. Dans le dessein de dissiper des siècles de « malentendus », pour reprendre son terme, et revenir à la réalité vécue du temps, il introduit la notion de « durée ». La durée, pour lui, c'est le flux indivisible du temps, qui intègre le passé et le présent dans un continuum perpétuellement mouvant. C'est aussi, explique Bergson, une « mémoire qui prolonge l'avant dans l'après et les empêche d'être de purs instantanés apparaissant et disparaissant dans un présent qui renaîtrait sans cesse[1] ». Pour bien expliquer le caractère organique du temps, et son « insécabilité », Bergson fait appel de manière récurrente à la musique : « Quand nous écoutons une mélodie, nous avons la plus pure impression de succession que nous puissions avoir, et pourtant c'est la continuité même de la mélodie et l'impossibilité de la décomposer qui font sur nous cette impression[2]. » Conséquence ultime de l'approche proposée par Bergson ? Ce n'est pas le passé qui

---

1. Notons que cette dernière phrase est tirée d'un texte de Bergson, *Durée et simultanéité* (1932), qui porte le sous-titre : *À propos de la théorie d'Einstein*. Pour nourrir sa réflexion sur la durée, Bergson s'est beaucoup documenté sur le travail d'Albert Einstein, avec qui il a d'ailleurs débattu en 1922. L'introduction du texte en témoigne, auquel le lecteur pourra utilement se reporter, notamment par la description qu'on y trouve des « "paradoxes" de la théorie de la Relativité, sur les Temps multiples qui coulent plus ou moins vite, sur les simultanéités qui deviennent des successions et les successions des simultanéités quand on change de point de vue ».

2. Henri BERGSON, *La perception du changement*, Paris, PUF, 1911.

est insaisissable, au motif qu'il ne serait plus, c'est le présent, au motif qu'il n'existe pas vraiment : « Dans la fraction de seconde que dure la plus courte perception possible de lumière, des trillions de vibrations ont pris place, dont la première est séparée de la dernière par un intervalle énormément divisé. Votre perception, si instantanée soit-elle, consiste donc en une incalculable multitude d'éléments remémorés, et, à vrai dire, toute perception est déjà mémoire. Nous ne percevons, pratiquement, que le passé, le présent pur étant l'insaisissable progrès du passé rongeant l'avenir[1]. » Cela signifie-t-il que nous n'existons jamais réellement, nous, dans le présent, au motif que ce que nous percevons est toujours déjà passé, fût-ce de quelques millièmes de seconde… ou de la durée de Planck ? Non, Bergson renverse la proposition : en réalité, le passé demeure, le présent est la concrétion du passé sous forme de mémoire. D'ailleurs, tout un chacun a, au moins une fois dans sa vie, fait l'expérience de ce « décalage », à travers le phénomène de « déjà-vu ». Il arrive en effet qu'on vive une situation en ayant le sentiment de l'avoir « déjà vécue ». En réalité, il s'agirait d'un dysfonctionnement passager de l'attention : une perception *inconsciente* de la réalité est d'abord enregistrée (dans la mémoire de court terme) et, lorsque l'attention « revient » et, avec elle, la perception *consciente*, on croit être face à deux réalités, celle du présent et celle du passé, alors qu'elles ne font qu'une.

Passons maintenant à Proust, en commençant par préciser qu'il a lu Bergson, dont il était d'ailleurs un cousin par alliance. Mais les spécialistes considèrent que leurs

1. Henri BERGSON, *Matière et mémoire*, Paris, PUF, 1896.

approches du temps ne sont pas tout à fait semblables. Il est vrai que Proust ne craint ni ne dénonce – ce n'est pas la fonction d'un romancier – la « spatialisation du temps », si pénible à Bergson. Au contraire, il raconte plutôt l'intrication du temps et de l'espace. Pour Proust, les *lieux* sont un *milieu* où le temps précipite, au sens chimique du terme, en souvenirs – ce qu'il appelle lui-même « une sorte de psychologie dans l'espace[1] ». Malgré tout, à la lecture de *La Recherche*, quand on passe de Guermantes à Méséglise, de Combray à Paris, de Balbec à Venise, on n'a pas l'impression de « sauter » d'instants en instants, mais d'être porté par un flux continu qui ressemble, tout de même, à la durée dont parle Bergson. Il y a également une parenté entre les analyses de ce dernier et l'empire de la mémoire telle que décrite par Proust, une mémoire – volontaire ou involontaire, comme dans le fameux épisode de la madeleine – qui semble ne jamais laisser le présent en repos. Il est vrai cependant que la notion d'éternité, qui ne plaît pas beaucoup à Bergson[2], semble être en revanche une préoccupation centrale de Proust, dont on a pu dire que le temps perdu dont il entreprend la recherche à travers son œuvre n'est rien de moins que l'éternité elle-même. C'est ce que je perçois, en tout cas, dans *Le Temps retrouvé*, les dernières pages de son œuvre monumentale, lorsque, évoquant le plaisir que lui procure la perspective d'écrire le livre de sa vie, il explique : « Le bonheur que j'éprouvais ne tenait pas

1. Marcel PROUST, *Le Temps retrouvé*, Paris, Gallimard, 1927.
2. Bergson considère que le temps, et plus précisément la durée, c'est-à-dire le temps véritable, est méprisé par beaucoup de penseurs, à commencer par Platon, parce qu'il ne serait aux yeux de ces derniers qu'un « perturbateur de l'éternité », un « délayage de l'éternité », voire une « privation d'éternité ».

d'une tension purement subjective des nerfs qui nous isole du passé, mais, au contraire, d'un élargissement de mon esprit en qui se reformait, s'actualisait le passé, et me donnait, mais hélas ! momentanément, une valeur d'éternité[1]. »

1. Marcel PROUST, *Le Temps retrouvé.*

4.

L'HOMME, ANIMAL TEMPOREL

Au cœur des différentes conceptions du temps, celles des physiciens comme celles des philosophes, on retrouve une notion clé : l'événement. Que ce soit la fission d'un atome ou un équinoxe, la naissance d'un animal ou un effondrement gravitationnel, les événements sont incontournables. Il se pourrait que le temps n'existe pas sans l'homme pour l'observer et/ou en faire l'expérience[1] ; mais, même sans l'homme, les événements – *certains* événements en tout cas – continuent d'avoir lieu.

L'événement est donc dans un premier temps ce qui survient, quelles que soient par ailleurs les circonstances et les modalités de cette « survenue[2] ». Nos existences sont ainsi tissées d'événements, grands et petits, marquants et anodins, décisifs et accessoires. À l'enchaînement des événements correspond une trame de souvenirs qui constituent une autre manière de mesurer le temps. Certains deviennent de véritables bornes de la mémoire collective et signalent un « avant » et un « après », pour le meilleur (le moment où Neil Armstrong a posé le pied sur la lune en 1969 ; la victoire de l'équipe de France lors de la Coupe du monde en 1998) et pour le pire (les attentats de 2015 ;

1. Nous avons rencontré au chapitre précédent des savants et des philosophes qui le pensent.

2. Elles peuvent dépendre, si l'on en croit Einstein, de l'observateur. Voir chap. 1.

le confinement du printemps 2020) : ce sont alors des événements qui… font l'événement. Mais il en est de même, à une échelle plus modeste, pour les individus : les naissances, mariages, décès, rites de passage religieux remplissent cette fonction. Ou bien, chez Pagnol par exemple, les amours du premier été d'adolescence, lesquels forment ensemble le « temps des secrets », raconté dans un livre célèbre.

Bref, ici-bas tout au moins, l'événement crée le temps. Mieux : l'événement crée un certain type de temps, *le temps porteur de sens*, qu'on appelle l'histoire. Ce sens, soit dit en passant, n'est pas toujours évident ; il faut souvent le chercher, c'est le travail de l'historien. Un pot de fleurs qui tombe d'un rebord de fenêtre sur la tête d'un quidam sous l'effet du vent, ce n'est pas de l'histoire ; un enfant qui jette un pot de fleurs sur la tête d'un quidam, c'est de l'histoire. La différence ? Le *problème*, au sens où le deuxième événement pose des questions – et des questions de différents ordres (psychologique, juridique, sociologique, anthropologique, etc.) C'est ce qu'entend l'historien Lucien Febvre par sa fameuse formule : « Pas de problèmes, pas d'histoire[1]. » Arlette Farge, lointaine disciple de Febvre, explique en quoi l'événement est créateur d'histoire : « [L'événement] crée du temps qui suit son accomplissement, il crée des relations et des interactions, des confrontations ou des phénomènes de consentement, il crée du langage, du discours. […] Créateur, l'événement l'est encore lorsqu'il déplace des représentations acquises ou qu'il est vécu comme un choc si traumatique qu'il semble parfois arrêter

1. Lucien FEBVRE, *Combats pour l'histoire*, Paris, Armand Colin, 1952.

le temps[1]. » Cet « accomplissement », ces « relations », ces « interactions », ces « confrontations », ces « phénomènes de consentement », ce « langage », ce « discours », ces « représentations », et jusqu'au « choc traumatique », tout cela est porteur de sens, tout cela forme l'histoire.

L'homme est donc plongé dans l'histoire, plus encore qu'il n'est plongé dans le temps. Il est un être en « condition historique », au sens où Marcel Gauchet utilise cette expression dans son ouvrage éponyme[2]. Pour ce dernier, l'être humain a longtemps « subi » l'histoire – non en raison d'une infériorité ontologique (intellectuelle ou psychologique, par exemple) mais à cause de « l'organisation religieuse du monde », laquelle déterminait comportements et mentalités : « Sur 99 % de son parcours, l'humanité s'est définie dans le miroir d'une altérité constituante[3]. Ce qui nous constitue nous vient d'ailleurs et du dessus[4]. » Jusqu'au moment où l'individu (« l'être-soi », pour parler comme Gauchet) et la société (« l'être-ensemble ») « sortent de la religion[5] » et accèdent à l'autonomie. C'est le point de départ de la modernité, qui se caractérise par l'avènement, précisément, de l'histoire, ou plus précisément encore, de l'historicité, c'est-à-dire « l'histoire voulue comme histoire[6] », la conscience de vivre et faire l'histoire, ce que Sartre appelle la « saisie de la tem-

---

1. Arlette FARGE, « Penser et définir l'événement en histoire », *Terrain*, 38, 2002.
2. Marcel GAUCHET, *La condition historique*, Paris, Stock, 2004.
3. Marcel GAUCHET l'appelle « l'Autre surnaturel », que ce soit les ancêtres ou les dieux des religions primitives.
4. Marcel GAUCHET, *La condition historique*.
5. Ce qui ne signifie pas qu'ils sortent de la croyance ou de l'appartenance religieuse, le point de vue n'est pas ici théologique ou spirituel mais sociologique et politique.
6. Marcel GAUCHET, *La condition historique*.

poralité[1] » : « L'histoire acquiert un autre poids et un autre rythme quand on cherche, d'abord, à la produire en connaissance de cause et quand, ensuite, on s'y cherche soi-même, quand on en attend un accomplissement de son destin[2]. » Bien sûr, l'homme n'a pas attendu la modernité pour considérer le temps comme une sorte de glaise qu'il peut/doit utiliser – et utiliser à bon escient – pour façonner son existence, accomplir son destin. On retrouve cela chez Sénèque, par exemple, dès le Ier siècle de notre ère[3]. Mais « écrire l'histoire », comme le montre Gauchet, c'est autre chose : c'est transformer les structures qui gouvernent la vie de la société pour modifier le sens de sa progression dans le temps : « La société autonome, cela ne va pas être seulement, à l'usage, la société qui se donne ses propres lois au présent, cela va être surtout la société qui se produit concrètement elle-même en se projetant dans l'avenir [...] L'histoire sort toute de l'action des hommes, et c'est l'humanité et rien d'autre qui se fait au travers de ce travail collectif. Mais sur un mode qui n'a rien à voir avec la claire et calme proximité à soi-même [...] Plus [l'action historique] s'amplifie, plus elle s'effectue en conscience, moins il lui est permis d'être naïve ou spontanée ; plus elle appelle de s'expliquer avec le passé, le présent et le futur[4]. »

Pour Gauchet, la modernité, *cette* modernité, est une invention européenne. Cela ne signifie pas qu'elle soit la *propriété* de la civilisation européenne, ou la cause d'une quelconque supériorité de cette dernière sur les autres civilisations. Au contraire, l'Europe est, pour le reste de

---

1. Jean-Paul SARTRE, *L'être et le néant*, Paris, Gallimard, 1943.
2. Marcel GAUCHET, *La condition historique*.
3. Nous y reviendrons dans la 3e partie.
4. Marcel GAUCHET, *La condition historique*.

l'humanité, *messagère* de la modernité, et du rapport au temps si particulier qui en fonde le principe – une modernité ainsi « devenue désormais un bien commun planétaire[1] ». C'est une idée proche de ce qu'enseignait déjà François Guizot (1787-1874) dans la deuxième moitié du XIXe siècle : « La civilisation européenne est la fidèle image du monde : comme le cours des choses de ce monde, elle n'est ni étroite, ni exclusive, ni stationnaire[2]. »

Dans cette dernière caractéristique – la civilisation européenne n'est pas « stationnaire » – tout est pour ainsi dire résumé : la civilisation européenne ne se conçoit pas comme achevée dès le point de départ. Peut-être même est-elle la seule dans ce cas. En effet, elle *appelle* les événements et le temps qu'ils créent, l'histoire qu'ils secrètent – quand bien même cette histoire est agitée, laborieuse, violente. En effet, poursuit Guizot, « cet état si agité, si laborieux, si violent, a beaucoup mieux valu que la simplicité avec laquelle se présentent d'autres civilisations » car ce fut la seule voie pour « un progrès dans toutes les directions » auquel « le genre humain a plus gagné que souffert[3] ».

Dès lors se posent les questions suivantes : que raconte cette histoire dont l'homme est le nécessaire acteur ? Ce temps qui nous enveloppe, suit-il une trajectoire ? Et si oui, laquelle ?

Les spécialistes classent en général le « temps historique », c'est-à-dire la conception du temps que reflète l'existence des différents peuples et civilisations, en deux

---

1. Dans « Critique et crise européenne, une conversation avec Marcel Gauchet », *Le Grand Continent*, 6 février 2019.
2. François GUIZOT, *Histoire de la civilisation en Europe*, 1870.
3. *Ibid.*

catégories : le temps linéaire et le temps cyclique. Ce ne sont pas des artifices spéculatifs de théoriciens hors-sol : en la matière, l'expérience commune nous instruit directement. Le soleil et les saisons, qui toujours reviennent, nous incitent à penser le temps comme un cercle ; la vie, d'un autre côté, qui conduit de l'enfant au vieillard, de la graine à la plante, ressemble à une ligne. On s'accorde ainsi à présenter le temps de la modernité occidentale comme linéaire, tandis que, par exemple, le temps de la civilisation indienne traditionnelle[1] serait cyclique.

De la pensée indienne, une notion est en effet passée dans le langage courant, celle de *karma*, qui désigne la loi selon laquelle on récolte toujours les fruits de ses actions, bonnes ou mauvaises – et ce, dans les existences ultérieures, puisque l'âme se réincarne jusqu'à ce qu'elle soit délivrée du cycle du retour à la chair. Par ailleurs, l'univers lui-même est soumis à un cycle de créations/destructions qui dure un *kalpa*, c'est-à-dire une journée de la vie du dieu-créateur Brahma. Les kalpas se succèdent sans fin les uns aux autres. Mais leur durée n'a rien à voir avec celle de nos jours à nous, êtres humains. En effet, chacun d'eux est divisé en 1 000 mahayugas, subdivisés en quatre périodes de durées inégales : le Krita Yuga (1 728 000 ans), âge d'or et de vérité, où règne l'harmonie ; le Tréta Yuga (1 296 000 ans), âge d'argent, où l'harmonie ne subsiste que par la pratique de la vertu ; le Dvâpara Yuga (864 000 ans), âge de bronze, où le doute mine toutes les croyances ; le Kâli Yuga (432 000 ans), âge de fer marqué par l'ignorance et le vice. Ainsi, si l'on fait le calcul, on en conclut qu'un kalpa, c'est-à-dire une seule journée de la

1. Je précise « traditionnelle » car des pans entiers de la société indienne sont en voie d'occidentalisation à bien des égards.

vie du dieu Brahma, est égal à… 4,32 milliards d'années humaines ! Notons que c'est presque l'âge – 4,5 milliards d'années – que les scientifiques donnent à la Terre…

S'agissant de la Chine, le sinologue Michael Loewe considère qu'on y retrouve les deux grandes approches du temps, le temps cyclique et le temps linéaire. Le premier est la matrice cosmique ; le second, la scansion politique. En effet, comme dans un grand nombre de civilisations, le temps des Chinois est d'abord celui du cosmos, avec son régime cyclique bien connu – la répétition étant garante d'harmonie collective et individuelle. Différents cycles, d'ailleurs, se superposent, s'imbriquent, s'affrontent dans le « temps chinois », créant un système complexe et propice à l'interprétation, au calcul, à la divination. Ainsi, la détermination du moment opportun pour entreprendre telle ou telle action (de façon à ne pas entrer en conflit avec le cycle universel) s'apparente en Chine à une véritable science, une science du contexte. Ce rapport au temps a évolué à partir du premier empire (IIIe siècle avant notre ère). Les souverains commencent alors à se prévaloir de leurs prédécesseurs pour asseoir le pouvoir de leur dynastie ; ainsi le temps n'est plus seulement cyclique, il devient un fil reliant le passé, le présent et l'avenir. « La dynastie régnante, écrit Michael Loewe, se considérait comme la dernière d'une série d'autorités légalement constituées et reconnues, issues des brumes d'un lointain passé et destinée à continuer sur la même voie pendant des dizaines de milliers de générations à venir[1]. »

En Occident, on l'a dit, le temps est considéré et vécu comme linéaire. La vraie question est de savoir si cette

1. Michael LOEWE, « Temps cyclique et temps linéaire en Chine », *L'histoire du temps*, dir. Kristen LIPPINCOTT, Paris, Larousse, 2000.

« ligne » a un sens, soit qu'un Destin l'ait irrévocablement tracée[1], soit que, par nos actions, nous lui en donnions un. Je voudrais m'arrêter sur deux approches opposées qui me semblent importantes : le « temps fléché », hérité de l'Antiquité et du judéo-christianisme, et le « temps plat », fruit de la postmodernité.

La notion de « temps fléché » renvoie à celle de « flèche du temps », déjà rencontrée dans les deux premiers chapitres de ce livre, et que l'on doit à l'astrophysicien du début du XXe siècle Arthur Eddington, lequel évoque une « sorte de texture à sens unique impliquée fondamentalement dans la structure de la nature[2] ». Dans ses ouvrages et conférences, Étienne Klein insiste sur la nécessité de distinguer le *cours du temps* et la *flèche du temps*. Le premier va de pair avec une représentation mathématique, c'est une représentation du temps « tout entière contrainte, quel que soit le formalisme que l'on se donne, par la causalité, qui impose une chronologie absolue aux événements qui sont causalement reliés les uns aux autres[3] ». En revanche, la seconde renvoie à « la possibilité qu'ont les systèmes physiques de *devenir*, c'est-à-dire de connaître au cours du temps des changements ou des transformations parfois irréversibles, qui les empêchent tout jamais de revenir à leur état initial[4]. » Étienne Klein de résumer : « Pour dire les choses en une phrase, le cours du temps assure la continuité du monde – il empêche le monde de disparaître – tandis que la flèche du temps y

1. « On ne lutte pas contre la force du destin » lit-on chez Eschyle, dans *Prométhée enchaîné*.

2. Arthur EDDINGTON, *The nature of the physical world*, 1928.

3. Étienne KLEIN, « Faut-il distinguer cours du temps et flèche du temps ? », *Cahiers François Viète*, 2005.

4. *Ibid.*

produit des histoires dont l'épilogue n'est jamais identique au commencement[1]. »

C'est à ce sens précis de l'expression « flèche du temps » – un temps-devenir, un temps fait d'histoire (s) – qu'il me paraît intéressant d'associer celle de « temps fléché ». Elle a notamment été développée dans plusieurs de ses ouvrages par la philosophe Chantal Delsol. Dans *L'âge du renoncement*, elle explique que pour les juifs puis pour les chrétiens, le monde « a pris naissance et il prendra fin ». Comment ? « Un Dieu l'a créé, qui le mènera à son terme. » Qu'en résulte-t-il ? « Ainsi l'histoire humaine trouve-t-elle un sens[2]. » C'est bien en philosophe, et non en chrétienne (qu'elle est par ailleurs), que Chantal Delsol analyse ce phénomène. Elle poursuit : « La sortie du temps circulaire[3], et donc l'apparition du temps fléché, s'exprime pour les juifs dans l'attente du Messie, pour les chrétiens de son retour dans le mythe apocalyptique[4]. » En effet, pour les chrétiens, au bout de la flèche, il y a le salut – la béatitude en Dieu – et la vérité – le dévoilement de toutes choses, c'est-à-dire, en grec, l'apocalypse. « Le temps, écrit Chantal Delsol, est devenu le lieu de l'espérance et de l'espoir[5]. »

Mais, alors, le temps n'est-il fléché que pour les croyants ? Qu'y a-t-il, au bout de la flèche, pour ceux qui ne croient pas ? Une première manière de répondre consiste à préciser que le rapport au temps n'est pas une question de croyance individuelle mais d'inscription dans une certaine société, une certaine civilisation, dont les

1. *Ibid.*
2. Chantal DELSOL, *L'âge du renoncement*, Paris, Éd. du Cerf, 2011.
3. Qui correspond au temps des mythes cosmogoniques.
4. Chantal DELSOL, *L'âge du renoncement*.
5. *Ibid.*

déterminations anthropologiques trouvent leur source dans tel ou tel système religieux. Les non-chrétiens de « feu la chrétienté » (Emmanuel Mounier), c'est-à-dire ce qu'il est convenu d'appeler l'Occident, sont eux aussi porteurs, à des degrés divers, d'un rapport au temps hérité du judéo-christianisme, c'est-à-dire nourri des concepts précités de salut et de vérité. Car, comme l'écrit Chantal Delsol, ce rapport au temps s'est, à un moment donné, « affranchi » du christianisme : « À l'époque des Lumières, l'attente du salut se sécularise et se transforme en vision du progrès. Le temps fléché suit son cours : mais dès lors, en l'absence de transcendance, il inscrit son but dans le monde immanent[1]. » La philosophe pose même l'hypothèse qu'« après l'effacement de la foi, la modernité ne pouvait plus se passer du temps fléché, alors même que ce dernier avait perdu ses fondements[2] ».

Revenons quelques instants sur ce concept de progrès. On peut le définir comme le mouvement d'amélioration de l'existence (voire de l'essence même) de l'humanité, à travers l'accroissement de sa richesse matérielle, la démultiplication de son esprit, la rationalisation de ses mœurs et de ses institutions, la pacification des sociétés qu'elle constitue. Le progrès, contrairement à la simple évolution et plus encore à l'innovation, implique des valeurs[3] – et c'est là que cette notion devient problématique, car ces valeurs peuvent diverger selon les approches. Le progrès

1. *Ibid.*
2. *Ibid.*
3. Ce que déplore, en sociologue, Norbert ELIAS (1897-1990), lequel rappelle que Darwin « ne se préoccupait pas de savoir si les batraciens sont moralement supérieurs aux poissons, les mammifères meilleurs que les reptiles ou les hommes plus heureux que les singes » (*Du temps*, Paris, Fayard, 1996).

des positivistes d'Auguste Comte (1798-1857) n'est pas celui des communistes de Karl Marx (1818-1883), ni celui des personnalistes d'Emmanuel Mounier (1905-1950) ou celui des sociaux-démocrates d'Olof Palme (1927-1986). On se rappelle par ailleurs, d'un côté l'enthousiasme lyrique d'un Hugo – « Celui qui nie le progrès est un impie, celui qui nie le progrès nie la providence, car providence et progrès, c'est la même chose, et le progrès n'est qu'un des noms humains du Dieu éternel[1] » – et de l'autre la prudence redoutable d'un Péguy – la « théorie du progrès » est « un escalier de qui on ne descend jamais [...] Malheureusement pour ce système, pour le système de cette théorie, la réalité ne monte point aussi facilement à l'échelle[2] ». On peut toutefois, comme le fait Pierre-André Taguieff dans son ouvrage magistral sur cette question, résumer ainsi le contenu *basique* de la notion de progrès : « la pauvreté, la maladie, l'ignorance, l'inégalité, l'intolérance et l'oppression, et bien sûr la guerre, sont censées reculer grâce au progrès[3] ».

Analysant les innombrables philosophies et théories du sens de l'histoire dont a accouché la modernité, notamment aux XIXe et XXe siècles, Taguieff explique la façon dont la notion de progrès a modelé le rapport au temps à l'époque moderne : « Le réenchantement moderne de la temporalité s'est opéré dans une conjoncture civilisationnelle sans précédent, marquée d'abord par la réorientation du cours temporel vers le futur, dimension temporelle désormais privilégiée, ensuite par l'érection de la nouveauté en

1. Victor HUGO, *Actes et paroles – Avant l'exil 1841-1851*, Paris, Albin Michel, 1875.
2. Charles PÉGUY, *Clio*, Paris, Gallimard, 1917.
3. Pierre-André TAGUIEFF, *Le sens du progrès*, Paris, Champs-Flammarion, 2004.

valeur intrinsèque (on suppose que ce qui est nouveau est bon en tant que tel), enfin par l'autodéfinition de l'époque présente comme, inséparablement, "moderne" et "supérieure" en toutes choses aux époques passées[1]. »

Un nouveau « cours du temps fléché » est donc apparu, dont l'homme moderne semble ne pouvoir se passer, malgré l'étiolement de la foi chrétienne qui en est la source : l'apocalypse du christianisme, elle-même relais du messianisme juif, est singée, comme l'a montré Alain Besançon[2], dans le Reich de mille ans et le Grand Soir marxiste-léniniste. À quelle étape sommes-nous aujourd'hui ? Chantal Delsol se demande si l'Occident n'est pas tout simplement en train de revenir au temps cyclique, ayant refermé la parenthèse d'un « temps fléché » qui était, au fond, une spécificité de notre civilisation judéo-chrétienne : « Lorsqu'avec la postmodernité s'effacent l'idée de salut puis l'idée de progrès qui lui succédait, la naissance et la désintégration des structures humaines prennent un nouveau visage. [...] L'idée de destin remplace l'idée de salut. L'historicité elle-même disparaît, puisque seul un temps à sens unique est histoire. L'histoire se trouve annulée par l'alternance indéfinie des cycles, où tout n'est que répétition. Rien n'est irréversible, puisque tout revient[3]. »

Outre ce *jour sans lendemain*, un autre rapport au temps est peut-être l'avenir de notre civilisation : le jour perpétuel, non pas celui qui recommence toujours, mais celui qui ne finit jamais. C'est le temps absurde de Godot.

1. *Ibid.*
2. Alain BESANÇON, *Le malheur du siècle. Sur le communisme, le nazisme et l'unicité de la Shoah*, Paris, Fayard, 1998.
3. Chantal DELSOL, *L'âge du renoncement.*

Dans la pièce de Becket[1], deux vagabonds, Vladimir et Estragon, attendent l'arrivée de Godot, qui ne se montre jamais. Deux autres personnages surgissent, d'on ne sait où, Pozzo et Lucky, l'un muet, l'autre aveugle. Leurs échanges n'ont pour la plupart aucun sens. Ils ne savent pas pourquoi ils attendent, ni *qui* ils attendent – ils n'ont qu'un nom, lequel ressemble à un borborygme, « go-do ». La pièce s'inscrit dans une temporalité, puisqu'elle se déroule sur deux jours, aujourd'hui et demain, ou hier et aujourd'hui, mais la structure globale de ces deux journées ne varie pas. Ce n'est pas un cycle, mais une prolongation sans fin. Et lorsque Vladimir et Estragon décident de partir, ils ne bougent pas réellement, comme si un troisième jour se profilait. Une réplique de Pozzo résume ce temps plat, désespérément absurde :

> Vous n'avez pas fini de m'empoisonner avec vos histoires de temps ? C'est insensé ! Quand ! Quand ! Un jour, ça ne vous suffit pas, un jour pareil aux autres, il est devenu muet, un jour je suis devenu aveugle, un jour nous deviendrons sourds, un jour nous sommes nés, un jour nous mourrons, le même jour, le même instant, ça ne vous suffit pas ?

Une chose est sûre : l'histoire, c'est-à-dire le temps des hommes en société, finira – au plus tard lorsque la vie s'éteindra sur terre, et peut-être d'ailleurs en même temps que la terre elle-même. Le soleil, aussi, mourra. En effet, c'est une étoile et, à ce titre, il « fonctionne » en consommant l'hydrogène concentré à sa naissance, lequel n'est pas « inépuisable ». D'ici environ cinq milliards d'années,

1. Samuel Beckett, *En attendant Godot*, Paris, Éd. de Minuit, 1952.

un processus fatal va s'amorcer, faisant passer le soleil du stade de géante rouge (qui absorbera la Terre, entre autres) à celui de naine blanche, puis de nébuleuse planétaire et enfin de naine noire.

Cela marquera-t-il la disparition du temps ? Non, si l'on considère, comme évoqué en introduction, que ce sont les événements qui font le temps – et des événements cosmiques, il y en aura toujours. Toujours ? Que penser de cet événement-miroir du Big Bang, le *Big Crunch*, dont certains scientifiques font l'hypothèse ? Signifiera-t-il la fin du temps ? Il y a une autre manière d'envisager la question : si le temps venait à disparaître, peut-être ce temps-là ne serait-il que le temps de *notre* univers, au sein du multivers ; dès lors, notre univers s'écroulerait mais *quid* des « autres » ? Le temps y survivrait-il ? On le voit, la question de la fin est aussi complexe – et vertigineuse – que celle des origines.

Deuxième partie

LES POUVOIRS DU TEMPS

Selon Aristote et ses disciples, il existe deux modes d'être : l'acte et la puissance. Un bloc de marbre, par exemple, est une statue en puissance ; la *Vénus de Milo* est une statue en acte. De même, une graine de tournesol est une plante en puissance ; un tournesol est une plante en acte. La puissance, dans le premier exemple, est dite passive car une action extérieure est requise pour transformer une matière indéterminée, le marbre, en une chose spécifique, une statue, alors qu'elle aurait pu tout aussi bien devenir un tambour de colonne ; dans le second exemple, elle est dite active, car la graine de tournesol ne peut devenir autre chose qu'un tournesol. Mais pour passer de la puissance à l'acte, dans les deux cas, une ressource est indispensable : le temps.

Quand on parle de ressource, on pense souvent à l'argent. Il est d'ailleurs vrai que temps et argent sont liés, comme nous le verrons. Mais j'ai la conviction que le temps est en réalité une ressource plus rare, plus décisive et plus égalitaire que l'argent. Il est une ressource au double sens de ce mot : un bien précieux, qui a de la valeur en soi, et un outil, qui a de la valeur par l'emploi qu'on en fait. Le temps est un catalyseur d'opportunités, il rend réel ce qui n'est, au point de départ, que potentiel. Ce possible peut correspondre au souhaitable et, dans ce cas-là, le temps constitue, pour celui qui peut et qui veut, un moyen, une chance, une force. En ce sens, le temps est une ressource « cadeau », gratuite, imméritée et, qui plus est, à portée de main.

Encore faut-il que la main soit ouverte et alerte. Car le temps est aussi une ressource fuyante, au sens où personne, même le plus riche, même le plus puissant, même le plus savant, ne peut entraver son écoulement. De Gilgamesh à Elon Musk en passant par Faust et Benjamin Button, la quête de l'immortalité, c'est-à-dire le fantasme de la capacité éternelle de *faire*, taraude l'humanité depuis toujours. Et sollicite sa créativité de manière souvent surprenante. Mais, quoi qu'on fasse, c'est toujours le temps qui a le dernier mot.

Et ce d'autant plus que le temps de nos existences n'est pas un fil isolé flottant dans les airs. Il en croise des milliers d'autres, en chaîne et en trame, et ils forment ensemble le tissu de la vie sociale. Et si ce dernier se tend, se relâche, rétrécit – ou craque – que se passe-t-il dans ma vie ? Jusqu'à quel point les fils sont-ils solidaires ? Quelle liberté conserve le fil au cœur de l'étoffe ? Dans cette deuxième partie, nous aborderons le temps comme ressource et l'observerons sous toutes ses coutures, afin d'en connaître les pouvoirs, les usages et les limites.

5.

LE TEMPS, L'ARGENT, L'ÉGALITÉ

Time is money. Ce proverbe commençait déjà à courir les rues du monde anglo-saxon lorsque Benjamin Franklin (1706-1790) le reprit en ouverture de son fameux texte, *Conseil à un jeune artisan de la part d'un ancien*[1]. De cette exhortation, on retient en général l'idée qu'il faut consacrer le plus de temps possible à travailler, et préférer cette activité-là à toute autre si l'on veut gagner le maximum d'argent. C'est en effet ce qu'on lit, au premier paragraphe, sous la plume de celui fut qui imprimeur, éditeur, écrivain, inventeur du paratonnerre et des premières brigades de pompiers volontaires, signataire de la Déclaration d'indépendance des États-Unis et ambassadeur à Paris – un modèle de « vies multiples » : « Celui qui peut gagner dix shillings par jour par son travail et préfère partir en promenade ou rester oisif pendant la moitié de la journée, bien que son escapade ou son oisiveté ne lui coûte que six sous, ne devrait pas tenir ces six sous pour seules dépenses : il a en réalité dépensé ou plutôt jeté par la fenêtre cinq shillings de plus. »

Le propos général de Franklin admet plusieurs niveaux de lecture. Le premier conduit à la condamnation de la paresse et de l'oisiveté, « mère de tous les vices » si l'on en

1. Benjamin FRANKLIN, *Advice to a Young Tradesman, written by an Old One*, 1748.

croit la sagesse populaire. Cette condamnation, sans appel, on la retrouve d'ailleurs dans toute l'œuvre de l'Américain, notamment *L'almanach du Bonhomme Richard*, compilation d'histoires, de conseils et de sentences qu'il publie chaque année entre 1732 et 1757 : « L'oisiveté, comme la rouille, use plus que le travail ; la clef est claire tant que l'on s'en sert, dit le bonhomme Richard. Vous aimez la vie, dit-il encore : ne perdez donc pas de temps ; car c'est l'étoffe dont la vie est faite. » Cette approche n'est du reste pas nouvelle ; on la retrouve dans tous les systèmes éthiques, à toutes les époques et sous toutes les latitudes.

Au VIIIe siècle avant J.-C., dans l'un des plus anciens textes de la littérature occidentale, *Les Travaux et les Jours*, le grec Hésiode met déjà en garde contre la paresse et l'oisiveté, lesquelles conduisent à gaspiller son temps et à négliger son labeur : « Ne remets pas tes travaux au lendemain ni au surlendemain : l'homme qui reste oisif ou qui diffère d'agir ne remplit pas ses granges. L'activité double la richesse. Celui qui temporise lutte toujours avec le besoin. » D'ailleurs, *Les Travaux et les Jours* est aussi un manuel pratique de gestion du temps agricole, un véritable almanach recensant tout ce que le paysan et sa maisonnée doivent entreprendre, au fil des saisons, pour s'assurer leur subsistance. On observera que ce qui est condamné par Hésiode, ce n'est pas l'oisiveté en tant que telle – c'est-à-dire « l'état d'une personne qui n'a rien à faire, qui ne fait rien » selon la définition du Littré – laquelle peut relever d'un choix conscient et assumé, mais le fait concomitant de ne pas consacrer son temps à travailler, c'est-à-dire à subvenir à ses besoins, voire davantage, à s'enrichir. Le travail n'est pas loué pour lui-même comme il le sera parfois à l'époque moderne – au point de devenir, chez certains auteurs, une voie de sanctification.

Finalement, l'angle est donc moins moral (i. e. la culpabilité résultant du devoir non accompli) que pratique (i. e. le regret d'avoir manqué une occasion de conjurer la misère et de faire fortune).

Deux siècles plus tard, à des milliers de kilomètres de là, dans la Chine de la Période des Printemps et Automnes, Confucius (551-479 av. J.-C.) fait de la lutte contre l'oisiveté une condition pour atteindre un idéal que l'on peut, cette fois, qualifier de moral, plus exigeant et plus austère que celui d'Hésiode : « L'homme supérieur [...] ne cherche pas les jouissances de l'oisiveté et de la mollesse ; il est attentif à ses devoirs et vigilant dans ses paroles ; il aime à fréquenter ceux qui ont des principes droits, afin de régler sur eux sa conduite. Un tel homme peut être appelé philosophe, ou qui se plaît dans l'étude de la sagesse[1]. » ou encore : « Il n'est pas convenable qu'un lettré sans mérite, et vivant dans l'oisiveté, mange le pain des autres[2]. » ou : « La satisfaction que donnent la vanité et l'orgueil, la satisfaction de l'oisiveté et de la mollesse, la satisfaction de la bonne chère et des plaisirs, sont des satisfactions nuisibles[3]. » Chez le Chinois comme chez le Grec, le rejet de l'oisiveté n'est que l'envers d'autres objectifs, à la différence près qu'ils sont chez Confucius plus spirituels que matériels, tels la quête de la sagesse, l'instruction et la piété filiale : « Laisser ses quatre membres s'engourdir dans l'oisiveté, au lieu de pourvoir à l'entretien de son père et de sa mère, est le premier défaut de piété filiale[4]. »

1. *Les entretiens de Confucius*, I, 14.
2. *Mengzi*, I, VI, 4.
3. *Mengzi*, II, II, 30.
4. *Mengzi*, II, II, 30.

Mais revenons au texte de Benjamin Franklin. Un deuxième niveau de lecture s'impose pour bien comprendre son propos. S'il établit un lien étroit, et même un lien d'équivalence, entre le temps et l'argent, et s'il considère l'oisiveté comme une perte de revenus parce qu'elle ne lui semble rien d'autre qu'un gaspillage de temps de travail – bref, si son analyse des liens entre le temps et l'argent se focalise sur la question du *travail*, c'est aussi en raison des bouleversements que connaît la société de son temps. Ce sont les premiers stades de la Révolution industrielle ; dans la fabrication du coton, par exemple, de nouvelles technologies comme la navette volante[1] ont modifié les processus de fabrication traditionnels. Plutôt que de fractionner et sous-traiter le travail de fabrication à mille « petites mains », à domicile, réparties sur une vaste zone, il devient plus efficace d'organiser de grands ateliers et d'y centraliser la main-d'œuvre.

Cette tendance à la centralisation, combinée à la généralisation de la vapeur et de la production bon marché d'acier, entraîne l'apparition des usines où la planification du travail n'a plus rien à voir, ni avec l'ancien système artisanal, ni avec le reste de l'économie, encore majoritaire (quoique pour peu de temps s'agissant de l'Angleterre), à savoir l'agriculture. Dans les usines, les ouvriers fonctionnent en équipes et obéissent au rythme de la machine plutôt qu'à celui de la nature. Les salaires reposent désormais aussi sur le temps passé à travailler et non plus seulement sur la quantité de produits fabriqués – ce qu'on appelle la rémunération à la pièce, d'où vient l'expression

1. Inventée en 1733 par John Kay, la navette volante permet de tisser plus vite des tissus plus larges. La toile n'est désormais plus aux dimensions des bras de l'ouvrier car la navette « vole » d'un côté à l'autre du métier grâce à des roulettes.

populaire « On n'est pas aux pièces », qui signifie qu'il n'y a pas urgence à accomplir telle ou telle tâche, puisque le nombre de biens livrés n'est plus le critère de la rétribution. Ainsi, à l'époque de Benjamin Franklin, notamment dans l'industrie naissante, le temps est bien en train de devenir, littéralement, de l'argent.

Précisons tout de même que cette nouvelle organisation du travail s'accompagne de l'importance croissante d'une notion, la productivité, qui corrèle malgré tout le facteur temps et le volume de production. La productivité industrielle n'a pas le même impact, sur l'existence des travailleurs, que le rendement agricole, lequel est généralement calculé, non sur la base du temps, mais à partir de l'espace (rendement à l'hectare, par exemple). Le poids de la productivité pendant la révolution industrielle est illustré dans *Germinal*, d'Émile Zola (1940-1902), par l'épisode où les mineurs sont contraints de travailler davantage pour rattraper la diminution du prix des « berlines », les chariots remplis du charbon qu'ils extraient du sol. Zola en tire une troublante description des ouvriers, ravalés au rang de bêtes de somme obsédées par le revenu, un revenu si difficile à gagner dans un laps de temps si contraint : « Dans la taille, le travail des haveurs[1] avait repris. Souvent, ils abrégeaient le déjeuner, pour ne pas se refroidir ; et leurs briquets[2], mangés ainsi loin du soleil, avec une voracité muette, leur chargeaient de plomb l'estomac. Allongés sur le flanc, ils tapaient plus fort, ils n'avaient que l'idée fixe de compléter un gros nombre de berlines. Tout disparaissait dans cette rage du gain disputé si rudement[3]. »

1. Mineurs qui ouvrent les veines de houille.
2. Casse-croûte du mineur.
3. Émile Zola, *Germinal*, Paris, 1885.

Aujourd'hui encore, le temps de travail est au cœur de profonds bouleversements. Les causes en sont variées, à la fois conjoncturelles et structurelles. Les modifications de notre rapport au temps provoquées par la pandémie de Covid-19, en 2020-2021, évoquées en introduction, ont tout particulièrement concerné le temps de travail. On l'a vu, et vécu : le télétravail, incontournable et subi à cause du confinement, n'a pas disparu lorsque la situation est revenue à la normale. Au contraire, l'adaptation conjoncturelle est devenue un changement structurel : à raison d'une ou deux journées par semaine, le télétravail est désormais la norme pour un grand nombre d'entreprises et de fonctions – une ou deux, pas plus, car, au-delà, le lien des salariés avec leur environnement professionnel se distend, au détriment de la culture d'entreprise, de la créativité et du travail d'équipe. En tout cas, les salariés plébiscitent cette nouvelle approche du temps de travail[1] : elle entraîne en effet une diminution drastique du temps de transport et de ses conséquences parfois insupportables (fatigue, nervosité), elle leur confère plus d'autonomie dans l'organisation et l'exécution de leurs tâches, et elle leur permet d'équilibrer plus aisément vie professionnelle et vie de famille.

Parmi les autres évolutions qui affectent le temps de travail, on peut également mentionner la croissance du travail indépendant. Fin 2021, les travailleurs indépendants (professions libérales, services, VTC, commerce de détail, hébergement, professionnels du spectacle, etc.) étaient au nombre de 4,1 millions[2] et, depuis plusieurs années, ils

1. Voir étude « Les Français et le télétravail », *Les Échos*, Institut Montaigne, Elabe, 3 juin 2021.
2. Source Urssaf.

augmentent de presque 10 % par an. L'engouement que suscite le travail indépendant ne signifie certainement pas le « crépuscule de la société salariale » observé par certains[1] : le salariat présente encore des avantages importants dont sont conscients les jeunes actifs (stabilité, protection, statut social), et le travail indépendant vient souvent (mais pas majoritairement : environ un quart des cas) en complément du travail salarié. Cela dit, son indéniable progression révèle et/ou provoque un nouveau rapport au temps de travail.

Elle s'inscrit dans un mouvement de fond où l'on retrouve, pêle-mêle, l'aspiration à la multi-activité, le primat de la qualité de la vie, la moindre perméabilité au conformisme social, la quête du travail-mission (dans la double acception du mot « mission » : une expérience qui soit, d'une part, à durée limitée, remède à l'ennui, et d'autre part porteuse de sens, signe d'une vocation particulière) – bref, le refus du « travail-tunnel », une sorte d'espace-temps dans lequel on se sent enfermé toute sa vie. À tout cela, il faut ajouter les innovations technologiques, au premier rang desquels l'intelligence artificielle, dont on commence à prévoir l'impact sur le temps de travail. Au-delà des pertes d'emploi à court terme, parfois évaluées à 300 millions à l'échelle planétaire d'ici à 2030[2], c'est en effet l'organisation du travail elle-même qui en est affectée. Dans une récente étude[3], 73 % des « travailleurs du savoir » (fonctions intellectuelles, « cols blancs ») et 64 % des « travailleurs de première ligne » (fonctions pratiques, « cols-bleus ») assurent que l'intelligence artificielle leur

1. Thierry PECH, « Le crépuscule de la société salariale », *Construire*, n° 44, juin 2016.

2. Goldmann Sachs, mars 2023.

3. OpinionWay pour Slack, juin 2023.

« fait gagner du temps », à hauteur de 6 heures par semaine en moyenne pour les « cols blancs » et 5 heures pour les « cols-bleus ». Ces chiffres laissaient supposer une meilleure allocation du temps de travail, notamment vers les tâches à plus forte valeur ajoutée, ou du temps *tout court*, en faveur d'activités familiales, sociales ou personnelles.

Toutes ces évolutions signifient-elles que l'exhortation de Benjamin Franklin est obsolète et que l'équation temps = argent a définitivement perdu sa validité ? Ce n'est pas si simple. D'abord, l'argent reste très largement lié au temps : la création de richesse implique toujours une « mise de départ » en temps ; elle suppose en effet des investissements, parfois très en amont (l'éducation, la recherche-développement, les infrastructures). En outre, le cycle de vie d'un bien ou d'un service marchand (conception, lancement, maturité, déclin, etc.), ainsi que son processus de production (sourcing, fabrication, contrôle qualité, commercialisation, logistique, etc.), sont de nature temporelle. Les économistes Jean-Luc Gaffard, Mario Amendola et Francesco Saraceno rappellent dans *Le temps retrouvé de l'économie*, ce qu'ils qualifient de « faits évidents trop souvent occultés », à savoir que « la production prend du temps, l'investissement productif repose sur une prévision à long terme entachée d'incertitude, la monnaie et la finance sont un pont nécessaire vers le futur, comme le sont les ressources humaines bénéficiant d'apprentissage[1] ». Enfin, l'argent est une sorte d'être vivant, qu'il faut traiter dans la durée : en s'y prenant bien, et surtout en respectant son rythme propre, on peut lui faire « faire des

1. Jean-Luc Gaffard, Mario Amendola, Francesco Saraceno, *Le temps retrouvé de l'économie*, Paris, Odile Jacob, 2020.

petits », comme on dit couramment, et ce, de manière presque infinie. Franklin compare ainsi l'argent à une truie pleine, pour mettre en garde ceux qui n'en auraient qu'une vision de court-terme : « Celui qui tue une truie pleine détruit, non une portée, mais toute sa descendance jusqu'à la millième génération[1]. » Ce rapport au temps s'applique également au travail lui-même et aux revenus qu'il procure ; c'est le sens de ce fameux proverbe qu'on attribue parfois à la sagesse populaire chinoise : « Si tu donnes un poisson à un pauvre, tu le nourris pour une journée ; si tu lui apprends à pêcher, tu le nourris pour toute la vie. »

Par ailleurs, pour la majorité de la population, en particulier les classes moyennes et modestes, le lien entre temps et argent reste étroit. Le fameux slogan des années 2000 : « Travailler plus pour gagner plus » doit s'entendre ainsi : « Travailler plus *longtemps* pour gagner plus ». Et si ces catégories de la population y ont massivement adhéré, c'est parce que le lien temps/argent est à leurs yeux évident, elles en ont une expérience concrète. Les sociologues Jean-François Laé et Numa Murard vont même plus loin en renversant l'équation : « L'argent, c'est du temps », écrivent-ils[2]. Distinguant « ceux qui ont le pouvoir de transformer le temps en argent » et les autres[3], ils montrent que, pour ces derniers, l'argent permet d'« acheter » du temps, de repousser la chute dans la pauvreté ou, pire, la misère : « Les pauvres comptent plus que les autres le nécessaire, ils comptent et recomptent jour après jour et

1. Benjamin Franklin, *Advice to a Young Tradesman, written by an Old One.*

2. Jean-François Laé, Numa Murard, « L'argent, c'est du temps », *Terrains/Théories*, 2015.

3. Distinction qui mériterait d'être débattue.

surtout ils comptent différemment. Le caddie c'est pour quinze jours. Plus d'argent, ce serait plus de temps, moins d'incertitude sur le temps, sur : comment on va faire ? [...] Il faut tenir jusqu'au mois suivant, jusqu'au versement de la pension[1]. » Et lorsque l'argent vient à manquer, le temps qui reste est une sorte de sous-temps, une addition précaire de moments que l'on essaie de faire tenir ensemble dans une durée qui ressemblerait à de la vie : « Le temps qui sépare le présent sans argent du moment où arrivera une ressource est rempli par tout ce qu'il faut accomplir pour que cette ressource soit disponible : ruse et sens de l'occasion, malice et habilité[2]. » Une telle approche des liens entre temps et argent, si elle n'est pas sans intérêt, mérite toutefois d'être nuancée, car elle s'apparente à une vision excessivement matérialiste de l'existence. On y reconnaît l'influence de Marx et de ses épigones, pour qui les problèmes sociaux procèdent avant tout de rapports de force économiques.

Il est vrai, cela dit, que le texte de Franklin lui-même invite à aller au-delà du slogan : « Time Is Money ». Si perdre du temps ne signifie pas toujours perdre de l'argent, cela revient toujours, en revanche, à perdre une opportunité – l'expression « what might have been[3] » est au cœur du raisonnement de l'Américain. La notion de coût d'opportunité appartient d'ailleurs au vocabulaire de la théorie économique, même si elle est, de nos jours, surtout utilisée pour l'investissement[4]. En somme,

1. Jean-François Laé, Numa Murard, « L'argent, c'est du temps ».
2. *Ibid.*
3. Ce que cela aurait pu être.
4. L'inventeur de ce concept, l'économiste autrichien Friedrich von Wieser (1851-1926) le définit comme le sacrifice représenté, au moment d'une décision, par le renoncement à toutes les autres options.

Time Is Not Money; Time Is Opportunities – Money Among Others[1]. C'est d'ailleurs le message que je voudrais porter tout au long de ce livre : l'invitation à bien allouer son temps ne doit pas être entendue sous le seul angle de l'enrichissement, ni même seulement au sens du *faire*, par opposition à l'*être*. Ce n'est pas un commandement « matérialiste » ou « capitaliste ». Bien allouer son temps, c'est être en mesure de faire ce qu'on a envie de faire, quelle que soit cette envie, de réaliser ses rêves, quels que soient ces rêves, et ainsi de mieux vivre, vivre pleinement, *être* pleinement.

En réalité, quand on s'efforce de saisir le texte de Benjamin Franklin dans son intention globale, on comprend que le chaînon permettant à l'auteur de faire le lien entre le temps et l'argent est moins le *travail* que le *crédit*. Le deuxième paragraphe commence d'ailleurs ainsi : « Credit is Money » et les occurrences du mot « credit » (et sa variante « creditor ») sont aussi nombreuses que celles du mot « time ». Par « credit », il faut ici entendre aussi bien la pratique du prêt d'argent, en général avec des intérêts (« J'ai acheté ma maison à crédit »), que la qualité morale, la confiance qu'inspire un individu (« Cette personne a du crédit auprès de ses voisins »). De la première acception, Franklin donne une illustration on ne peut plus claire, qui mériterait de figurer dans les manuels d'économie : « Si un homme laisse son argent entre mes mains après le terme, il me fait cadeau des intérêts – ou plutôt de ce que je puis faire de son argent pendant ce laps de temps. » Dans l'économie moderne, l'argent est une marchandise comme une autre ; le prêt d'argent est donc un

1. Le temps n'est pas de l'argent ; le temps, ce sont des opportunités, parmi lesquelles l'argent (traduction de l'auteur).

service régi par la loi de l'offre et de la demande. Tout emprunt recouvre en réalité deux « achats » : l'argent lui-même et un service particulier consistant à disposer *dès maintenant* de cet argent (au détriment de son propriétaire, détenteur initial, et de ce qu'il pourrait en faire, *dès maintenant* lui aussi). Ce que je paie en plus, c'est, comme le dit la théorie économique, ma préférence pour le présent.

Au cours de ma carrière, j'ai souvent été confronté à la valeur économique du temps. Par deux fois, elle m'est même apparue sous un angle spécial. La première, c'est lorsque je travaillais dans le secteur des autoroutes[1]. En France, ces dernières sont gérées par des sociétés concessionnaires, qui ont été, pour la majorité, privatisées à partir des années 2000, ce qui a donné lieu à de virulents débats, qui ne sont d'ailleurs pas tout à fait clos. Sans y revenir, on peut regretter le glissement sémantique consistant à parler de « privatisation » des autoroutes alors que le terme adéquat est bien « concession » : ce qui a été privatisé, ce sont les sociétés concessionnaires, désormais détenues par des capitaux privés, alors qu'elles étaient auparavant détenues par des capitaux publics, et non les autoroutes elles-mêmes, qui restent propriété de la collectivité publique, c'est-à-dire des Français. Or, le modèle de la concession mérite d'être évoqué dans le cadre de ce livre, parce que le temps y est un facteur-clé, et réhabilité, parce qu'il est particulièrement bien adapté au secteur des autoroutes. On peut le définir ainsi : une autorité propriétaire (en général publique, mais pas seulement – voir le

1. J'y ai d'ailleurs travaillé à deux reprises, d'abord comme directeur général d'Autoroutes et tunnel du Mont-Blanc, entre 1994 et 1996, puis comme Président de Macquarie France, société spécialisée dans les infrastructures et co-actionnaire de deux sociétés d'autoroutes, entre 2007 et 2016.

cas des concessions automobiles) confie la gestion d'un bien ou d'un service à un autre opérateur, à qui est transféré le risque économique afférent, en contrepartie du droit d'exploiter ce bien ou ce service. Ce « partenariat » est encadré par un contrat, souvent qualifié d'« incitatif » lorsque le concédant est la puissance publique et qu'elle « incite » le concessionnaire choisi à exploiter le bien ou le service de manière juste, efficace, durable, etc[1]. Mais, comme l'explique l'économiste Marc Ivaldi, « les contrats de concession de travaux ou de services publics n'entraînent pas légalement de transfert de propriété, puisque, par définition, leur seul objet est de préciser les termes par lesquels une autorité concédante confie soit la réalisation ou l'exploitation de travaux, soit la prestation ou la gestion de services à un ou plusieurs opérateurs (les « concessionnaires ») selon différentes modalités et formes de rémunération ou de compensation[2] ».

Pourquoi le modèle de la concession est-il bien adapté aux autoroutes, et plus généralement aux infrastructures ? Précisément parce qu'il inclut le facteur temps dans l'équation globale. Non seulement une concession est toujours accordée pour un temps défini à l'avance, en général plusieurs décennies, mais, ce faisant, elle permet au concessionnaire de « se donner du temps », c'est-à-dire de séquencer son investissement, souvent important, pour ne pas dire colossal : un kilomètre d'autoroute peut coûter entre 2 (en rase campagne) et 15 millions d'euros (sur des

---

1. Notons d'ailleurs que lors de la privatisation des sociétés concessionnaires d'autoroutes, le contrat de concession n'a pas changé : qu'elles fussent à capitaux publics ou privés, ces sociétés avaient donc les mêmes droits et les mêmes devoirs.

2. Marc Ivaldi, « La concession est-elle une privatisation ? », *Revue politique et parlementaire*, n°1097, janvier 2021.

terrains accidentés), sans s'exposer inutilement aux risques de toutes sortes inhérents aux grands chantiers (financier, commercial, technique, etc.). Plus le concédant est accommodant avec le concessionnaire, moins ce dernier est obligé de pratiquer d'emblée des prix élevés, supportés par les clients finaux, c'est-à-dire les usagers, pour financer les investissements de départ. La clé de ce type de « partenariat » est la confiance, laquelle se construit et s'éprouve, elle aussi, sur le long temps. Enfin, l'importance du facteur temps dans le modèle des concessions est telle qu'elle implique le recours à un indicateur de rentabilité spécifique : en effet, la rentabilité d'une concession ne se mesure pas, comme c'est l'usage pour d'autres types de structures, par la marge sur le chiffre d'affaires annuel, mais par ce que l'on appelle le Taux de Rentabilité Interne. Sans être trop technique, on peut dire qu'il s'établit à partir des flux de trésorerie générés par un investissement sur une période donnée, ainsi que par la valeur de revente finale de cet investissement[1] ; il mesure donc la rentabilité réelle d'un investissement, étant entendu que l'argent disponible aujourd'hui n'a pas la même valeur que l'argent disponible dans le futur. On accuse parfois le capitalisme contemporain d'être court-termiste et de rechercher la performance immédiate[2] : le modèle de la concession montre que ce n'est pas le cas dans tous les secteurs.

---

1. Valeur qui, d'ailleurs, dans le cas des sociétés concessionnaires d'autoroutes, est nulle puisqu'au terme convenu de la concession, elles rendent à l'État, sans contrepartie, les actifs qu'elles ont exploités.

2. Ce préjugé mérite lui aussi d'être discuté : l'économiste Jean-Florent Rérolle estime que les investisseurs de long terme (fonds indiciels et « investisseurs fondamentaux ») représentent plus des 2/3 de la capitalisation boursière totale.

L'autre occasion qui m'a permis de me confronter au rôle du temps dans le fonctionnement de l'économie, fut lorsque j'étais président pour la France et la Belgique d'une banque européenne. C'était l'époque (entre 2014 et 2022) où la Banque centrale européenne (mais elle n'était pas la seule) pratiquait des taux d'intérêt… négatifs ! Que l'on comprenne bien : Benjamin Franklin dirait tout simplement que la BCE s'était transformée en distributeur de cadeaux pour les emprunteurs – le premier de ce cadeau étant de rendre le présent, préféré par les emprunteurs, plus accessible. Le passage en « territoire négatif » des taux d'intérêt peut certes s'expliquer dans certains cas : pour éviter qu'une monnaie s'apprécie trop, avec un taux de refinancement faible voire négatif, ou pour encourager les banques de second rang à injecter des liquidités dans l'économie en « jouant » de la même manière sur le taux de dépôt. Par ailleurs, sur le marché des obligations souveraines qui a été quasiment saturé dans les années 2010 à cause des politiques de *quantitative easing* pratiquées par les banques centrales, comme la BCE, les mécanismes auto-entretenus qui conduisent à des taux négatifs sont connus. Il y a une tendance baissière des taux d'intérêt liée à l'augmentation des prix des obligations, un décalage entre valeur faciale et prix d'achat, une faiblesse voire une nullité de l'inflation considérée à tort (la suite l'a montré) comme durable, une anticipation d'une appréciation de la monnaie de délivrance de l'obligation (l'euro, dans le cas de la France et de la zone Euro), une anticipation d'une hausse de la valorisation du portefeuille obligataire en cas de poursuite de la baisse des rendements et, le plus problématique sans doute, une résignation des investisseurs qui sécurisent le capital sans trop compter sur les intérêts.

Ainsi, lorsqu'ils sont l'exception, les taux d'intérêt négatifs peuvent se comprendre ; mais lorsqu'ils deviennent la règle, ils témoignent d'un dysfonctionnement profond de l'économie, en particulier parce qu'ils provoquent la ruine des épargnants et la subversion des rouages de l'économie dite réelle. Jacques de Larosière, ancien directeur du Trésor, directeur général du FMI et gouverneur de la Banque de France, pose la question : « Comment a-t-on pu cultiver l'aberration des taux d'intérêt négatifs – nominalement – et en faire l'apologie alors qu'elle [...] va à l'encontre d'un principe fondamental de l'économie, à savoir que les revenus "mis de côté" durablement ont un prix[1] ? » Ici, le court-termisme économique s'unit à la légèreté morale pour entretenir un véritable cercle vicieux.

Ces commentaires étant posés, venons-en à la seconde acception du mot « credit » utilisé par Franklin, celle qui porte sur « l'homme jouissant de crédit » (*Man of Credit*). Le « vieil artisan » explique qu'un « bon payeur est le maître de la bourse des autres » – le bon payeur d'aujourd'hui, « celui qui est connu pour payer ce qu'il doit, en temps et en heure », est le bon emprunteur de demain. Un emprunteur *recherché* même, puisqu'il constitue pour les créanciers un client fiable sur le marché de l'argent et du temps. Ce crédit repose sur la réputation, éprouvée jusque dans les détails de la vie courante : « Le bruit de votre marteau à cinq heures du matin et à neuf heures du soir peut engager le créancier qui l'entend à repousser le terme de six mois de plus sans vous rien demander. Mais s'il vous voit au billard, ou entend votre voix dans un cabaret, alors que vous devriez être à l'ouvrage, il envoie chercher

1. Jacques de Larosière, *En finir avec le règne de l'illusion financière*, Paris, Odile Jacob, 2022.

son argent le lendemain [...] Les créanciers ont l'œil acéré et l'oreille attentive, et la meilleure mémoire du monde[1]. » L'homme de crédit ne doit donc pas tenir sa bonne réputation pour définitivement acquise : il n'est le maître ni du temps ni des événements : « Ne pensez pas que ce que vous avez sous la main vous appartient[2]. »

Que dit Franklin, au fond ? Que le « credit », dans l'une et l'autre acception, est une affaire de temps, d'action sur le temps, d'attitude vis-à-vis du temps, de *stratégie à l'égard du temps*, pourrait-on même dire. Franklin était lui-même un redoutable gestionnaire de son temps, comme il le rapporte dans ses *Mémoires*[3]. Se levant et se couchant toujours aux mêmes heures, il commençait et finissait chaque journée par les mêmes questions : « Que vais-je faire de bien aujourd'hui ? » et « Qu'ai-je fait de bien aujourd'hui ? » – son emploi du temps était ainsi guidé par des *objectifs*[4]. Sa journée elle-même était divisée en « blocs » de quatre heures, essentiellement consacrés au travail intellectuel, séparés par une pause de deux heures dévolue au déjeuner et aux tâches manuelles et domestiques. Enfin, il n'achevait jamais sa journée sans remettre en ordre son bureau et son cabinet de travail. Mais ce qui me paraît le plus remarquable, dans la « méthode Franklin », c'est que, régulièrement, il se récitait la liste des valeurs et vertus qu'il avait choisies pour orienter sa vie (tempérance, ordre, résolution, modération, humilité, etc.). On voit combien le temps, dans son esprit, n'était qu'une ressource

1. Benjamin FRANKLIN, *Advice to a Young Tradesman, written by an Old One*.
2. *Ibid.*
3. Benjamin FRANKLIN, *Mémoires*, Paris, Robert Laffont, collection « Bouquins », 1991.
4. Nous reviendrons sur cette approche, au chapitre 10.

– ô combien précieuse, certes – mise au service d'un véritable dessein d'élévation personnelle.

Time is Money, écrivais-je au début de ce chapitre. Pour conclure, le point sur lequel je veux insister, de façon à, si possible, *dépasser* cette « égalité » insatisfaisante, est le suivant : quoi qu'il en soit, le temps n'est pas *comme* l'argent ; ce n'est pas du tout le même type de ressource. L'expérience que l'être humain a de l'argent est radicalement différente de celle qu'il a du temps ; l'une et l'autre n'engagent pas son existence et tout ce qui la constitue de la même manière ; les usages qu'il fait de l'un et de l'autre répondent à des logiques, des schémas, des déterminations qui ne se ressemblent pas. Et ce, pour une raison assez simple mais dont nous n'avons pas toujours une conscience assez aigue, pris que nous sommes dans le tourbillon de la vie, chanté jadis par Jeanne Moreau : je peux avoir toujours plus d'argent, je n'aurai jamais toujours plus de temps. Si je perds mon portefeuille, j'ai des chances de le retrouver ; si je perds mon temps, il ne reviendra jamais. L'argent est une ressource simple, transparente, un peu primaire ; le temps, lui, comme nous l'avons vu dans les chapitres qui précèdent, est un mystère insondable : derrière lui se dissimulent toujours l'instant, insaisissable, et la durée, avec ses bornes, son début et sa fin – le « clac » impitoyable que font les ciseaux de Morta, celle des trois Parques[1] qui coupent le fil de la vie. Certes, comme nous le verrons, on peut tenter d'agir sur cette contrainte, tirer un peu sur ce fameux fil, s'acheter – à quel prix ! – deux

1. Dans la mythologie romaine, inspirée des Grecs, les Parques contrôlent l'existence humaine : Nona fabrique et tient le fil, Décima le déroule et le maintient sur le fuseau, Morta le tranche.

ou trois maillons supplémentaires. Cela ne représentera jamais plus que quelques décennies, dans le meilleur (?) des cas… *Mutatis mutandis*, au sein d'une cohorte d'individus arrivés à l'âge de se reproduire, le rapport, relativement au temps, est d'un (15 ans) à huit (120 ans), au maximum. S'agissant de l'argent, est-il utile de préciser, en contrepoint, que le rapport entre le patrimoine d'un salarié et la fortune de l'homme le plus riche du monde est d'un à plusieurs millions voire dizaines de millions ?

Cela nous conduit à deux enseignements. D'abord, si l'on veut poser le problème de l'égalité – n'est-ce pas une relation d'égalité que semblait établir, entre le temps et l'argent, la phrase de Benjamin Franklin ? – alors il faut le déplacer légèrement. En réalité, c'est entre tous les êtres humains, *vis-à-vis du temps*, que cette égalité est la plus frappante. Le temps est une ressource profondément égalitaire : Crésus et Gavroche, même combat ! Quoi qu'il arrive, et même si Gavroche aurait aimé vivre au-delà de 12 ans[1], Crésus, lui, ne peut guère espérer vivre au-delà de 120 ans. Oui, nous sommes tous égaux face au temps, face à l'écoulement *objectif* du temps. Les heures, les jours et les années ont la même mesure pour tous. Au fond, riches comme pauvres, malades comme bien portants, nous possédons tous l'instant présent, et tous, nous ne possédons que celui-là : l'instant passé n'est plus, l'instant futur ne sera peut-être pas.

Le deuxième enseignement ouvre des perspectives qui, elles aussi, sont de nature à mettre en cause bien des habitudes : le combat pour le temps devrait être un combat féroce car le prix – la proie ? – en jeu est le trésor le plus précieux de tous. C'est ce dont traiteront les chapitres à suivre.

1. C'est l'âge auquel il meurt dans *Les misérables* de Victor Hugo.

6.

UNE RESSOURCE RARE ET FUYANTE

En 1868, le ministre de l'Instruction publique Victor Duruy (1811-1894) apprend que, dans la vallée de la Vézère, en Dordogne, au lieu-dit Cro-Magnon, des ouvriers ont dégagé une cavité où ils ont découvert des ossements. Il dépêche sur place un grand géologue de l'époque, Louis Lartet (1840-1899), qui identifie plusieurs fragments de squelette, dont deux crânes. Ayant observé l'un d'eux, dépourvu de dents, il le qualifie de « vieillard[1] », surnom qui, d'ailleurs, lui restera, puisque c'est toujours ainsi que le Musée national d'histoire naturelle, où ce spécimen est aujourd'hui conservé, le désigne. Un siècle et demi plus tard, forts de méthodes d'examen plus sophistiquées, les paléontologues estiment que ce « vieillard » avait au maximum… 40 ans !

Depuis son apparition, il y a environ 300 000 ans, l'*homo sapiens* a vu son espérance de vie à la naissance croître continuellement[2], avec, aux XIXe et XXe siècles, une accélération notable, et même spectaculaire dans certaines parties du monde. L'INED[3] nous apprend que, depuis

1. Louis Lartet, « Une sépulture des troglodytes du Périgord (crânes des Eyzies) », *Bulletins de la Société d'anthropologie de Paris*, IIe Série, t. 3, 1868.

2. Sauf exceptions ponctuelles à l'échelle de l'histoire de l'humanité, liées aux épidémies, guerres et troubles systémiques, comme à la fin de l'Empire romain.

3. Institut national des études démographiques.

1750, en France, l'espérance de vie à la naissance est passée, pour les hommes, de 27 à 79,3 ans et, pour les femmes, de 28 à 85,2 ans. On a aujourd'hui du mal à se représenter l'ampleur d'une telle évolution, qui s'accompagne de défis considérables.

L'un d'entre eux est complètement inédit : la coexistence et parfois la cohabitation de quatre générations. Cela n'est jamais arrivé dans l'histoire de l'humanité. S'il était vivant aujourd'hui, Victor Hugo célébrerait peut-être « l'art d'être arrière-grand-père », lui qui mourut avant la naissance de ses arrière-petits-enfants. À ma connaissance, il n'existe pas de statistiques sur le nombre d'arrière-grands-parents, et la dernière enquête sur les grands-parents réalisée par l'INSEE date déjà de 2013 : ces derniers étaient alors au nombre de quinze millions. Mais en décomposant ce nombre par tranche d'âge, en le croisant avec les chiffres de la pyramide des âges de 2013, le taux de mortalité par tranche d'âge et le taux de fécondité par tranche d'âge, on peut raisonnablement estimer qu'il y a, à l'heure actuelle en France, au moins cinq millions d'arrière-grands-parents. Une telle dynamique – car cette situation n'est bien sûr pas figée – reflète les immenses progrès sanitaires réalisés depuis plus d'un siècle. L'allongement de la durée de la vie est un bienfait en soi, sur le plan individuel comme sur le plan collectif : non seulement on « profite » plus longtemps des êtres qui nous sont chers mais la société elle-même en bénéficie. Une génération « en plus », c'est un « réservoir » de savoirs, de savoir-faire et de savoir-être, auquel nous pouvons recourir pour mieux vivre, individuellement et collectivement.

Mais cette évolution représente aussi des défis à relever. Le principal, auquel je travaille quotidiennement en tant que directeur général d'AG2R La Mondiale, l'un des leaders français de la protection sociale et patrimoniale, c'est celui de la solidarité. Il n'est évidemment pas question que la génération « en plus » devienne une génération « en trop ». Mais conjurer ce risque ne se fera pas sans une mobilisation générale. D'abord parce que la solidarité a un coût bien réel. La prise en charge de la dépendance, qui est l'aspect à la fois le plus nécessaire et le plus pesant de cette solidarité, représentera à elle seule près de quarante milliards d'euros annuels en 2030, c'est-à-dire 1/7e de toute la masse salariale versée en France au premier trimestre 2023 – c'est comme si, pour assurer la solidarité à l'égard des personnes âgées dépendantes, il fallait priver de sa rémunération, chaque année, pendant trois mois, un salarié français sur sept. Ce coût, comme celui des retraites d'ailleurs, doit donc être réparti équitablement : s'il ne repose que sur les actifs, ces derniers s'appauvriront et c'est l'ensemble de la société qui entrera dans le cercle vicieux du déclin.

Outre l'aspect financier, il faut également travailler à parfaire le lien entre ces quatre générations. Je l'ai dit et le répète, la possibilité donnée aux enfants, aux parents, aux grands-parents et aux arrière-grands-parents de se connaître et de coexister est une chance immense. Mais cela ne signifie pas que tout aille de soi : entre un vieux monsieur qui a connu la Seconde guerre mondiale et une jeune millennial de la génération Z, les affinités ne sont pas forcément évidentes. Non seulement les références, les comportements et le cadre éthique peuvent différer énormément, mais la communication elle-même est parfois impossible, ou grevée d'obstacles : les univers générationnels sont trop éloignés les uns des autres. C'est ce qu'explique le sociologue François de Singly, spécialiste des évolutions familiales : « On ne peut se contenter d'être présent pour qu'un lien intergénérationnel se crée, il faut être coprésent [...]. Il ne suffit pas d'avoir un passé pour tisser du lien, il faut aussi pouvoir se raconter des choses à venir[1]. » En outre, certaines catégories de la population ont le sentiment d'appartenir à des générations sacrifiées[2], ce qui nourrit une rancœur malsaine, laquelle peut dégénérer en une « guerre des générations » à bas bruit.

Jusqu'où peut aller la courbe ascendante de la longévité[3] ? Cette question est des plus délicates et ceux qui ont prétendu y répondre de manière péremptoire, au cours des décennies passées, ont été rattrapés par la réalité, comme le rapportent les démographes Jacques Vallin et France Meslé[4] : ainsi, à la fin des années 1920, le statisticien Américain Louis Dublin (1882-1969) déclarait que l'espérance de vie des femmes ne dépasserait jamais 64,7 ans ; en 1952, c'est un Français, Jean Bourgeois-Pichat (1912-1990), qui estimait que l'espérance de vie moyenne plafonnerait à 78,2 ans ; à la fin des années 1980, le biologiste James Fries (1938-2021) visait, lui, les 85 ans. Tous se sont trompés – pour notre plus grand bonheur. Il est vrai toutefois que des inégalités demeurent entre pays : si

1. François de Singly, « Arrière-grands-parents, une place à part », *Le Monde*, 7 avril 2017.

2. C'est notamment le cas des personnes nées dans la deuxième moitié des années 70, lorsque prennent fin les Trente glorieuses, parfois désignées sous le nom de « Génération X ». Voir sur ce sujet le roman de Douglas Coupland, *Génération X*, Paris, Robert Laffont, 1993.

3. Signalons qu'en France, elle a actuellement tendance à stagner, avec même quelques diminutions ponctuelles et légères depuis 2014.

4. Jacques Vallin et France Meslé, « Espérance de vie : peut-on gagner trois mois par an indéfiniment ? », *Populations et sociétés*, n° 473, décembre 2010.

l'espérance de vie moyenne à la naissance est à l'heure actuelle de 84,3 ans au Japon, elle n'est que de 65,3 ans à Madagascar et de 50,7 ans au Lesotho[1].

Aujourd'hui, en France ou plus largement dans les pays développés, il me semble que nous nous attendons tous à vivre jusqu'à un certain âge, assez avancé – disons, au moins 80 ans. Nous ne *l'espérons* plus, contrairement à nos ancêtres d'avant 1750, pour reprendre la date de l'INED – nous *l'attendons*. C'est presque un dû. En était-il de même en 1750 lorsque les hommes[2] approchaient de leur vingt-huitième anniversaire ? Et s'ils atteignaient les trente ans, avaient-ils l'impression d'avoir eu une « vie bien remplie », de profiter d'un « bonus », comme on dit familièrement ? Toutes ces questions renvoient à la différence, déjà évoquée dans la première partie de cet ouvrage, entre le temps mesuré et le temps perçu. Peut-être que 80 années d'aujourd'hui et 30 années de 1750 représentent au fond la même durée perçue.

Aussi, dans notre manière d'accueillir et d'exploiter le temps, l'allongement de la durée de la vie, s'il constitue une bonne nouvelle, ne fait que déplacer le curseur – et le problème. 30 ou 80 ans : le temps que j'ai devant moi reste limité. Irréductiblement limité. Dramatiquement limité. Et « au bout » de ce temps, inutile de tourner autour du pot, il y a la mort.

Sauf en introduction (à propos des circonstances bien particulières de la pandémie de Covid) et lorsqu'il a été question du chat de Schrödinger[3], c'est un mot que je n'ai

1. Source : Organisation Mondiale de la Santé.

2. Les « jeunes hommes », dirions-nous aujourd'hui – ce n'est même pas l'âge moyen du premier enfant actuellement, qui se situe au-delà des 30 ans !

3. Voir chapitre 2.

pas encore écrit. Il est pourtant incontournable dans un livre sur le temps. Car le contraire ou l'envers du temps, en tout cas ce que l'être humain peut en comprendre à raison de son expérience, peut-être n'est-ce ni l'éternité, ni le vide, mais la mort – le moment où « ça s'arrête », la seconde où Morta tranche le fil[1] ? De ceux-là, il ne sait rien ; celle-ci, il la côtoie depuis toujours[2]. Dans *L'immortalité*, Milan Kundera (1929-2023) présente ce qu'il appelle « le cadran de la vie », en commençant par « la première phase de la vie, la plus heureuse » : la mort, alors, « reste quelque chose de trop éloigné pour que nous nous occupions d'elle. Elle est non-vue, elle est non-visible. » La deuxième phase, au contraire, nous met tout devant les yeux : tout, c'est-à-dire la mort en même temps que l'immortalité. « Tout à coup, écrit Kundera, nous voyons notre propre mort devant nous et il est impossible de l'écarter de notre champ visuel. Elle est avec nous. Et puisque l'immortalité est collée à la mort comme Hardy à Laurel, on peut dire que l'immortalité est avec nous, elle aussi[3]. »

On peut redouter la mort parce qu'on craint l'inconnu ou la souffrance à laquelle on la suppose liée ; on peut aussi redouter la mort parce qu'on ne veut pas que « ça s'arrête », justement. Quoi, « ça » ? La vie ! En ce sens, je me sens plus proche de saint Augustin louant les bienheureux qui continuent à chercher ce qu'ils ont trouvé[4],

1. Voir chapitre 4.
2. Et ce, même si l'on peut dire que nos sociétés postmodernes ont « perdu » la mort, selon l'éloquente formule du philosophe Damien Le Guay dans *Qu'avons-nous perdu en perdant la mort ?*, Paris, Éd. du Cerf, 2003.
3. *L'immortalité*, Paris, Gallimard, 1988.
4. La phrase souvent citée « Le bonheur, c'est continuer à désirer ce qu'on possède déjà » n'est pas de saint Augustin mais, si on la lit

que d'Épicure (341-270 av. J.-C.) aspirant à la stricte limitation de ses désirs, de façon à pouvoir tenir la mort pour « rien[1] ». Cette dernière approche, assez pusillanime, me fait penser aux dernières pages de *La peau de chagrin*, le roman de Balzac (1799-1850) qui, précisément, confronte l'empire du désir et l'obsession de la longévité. Dans son agonie précoce, le héros Raphaël offre à ses rares visiteurs un regard où l'on devine, écrit Balzac, « un combat intérieur, aussi terrible qu'un remords » : « C'était le coup d'œil profond de l'impuissant qui refoule ses désirs au fond de son cœur, ou celui de l'avare jouissant par la pensée de tous les plaisirs que son argent pourrait lui procurer, et s'y refusant pour ne pas amoindrir son trésor [...][2]. » En effet, Raphaël s'est efforcé toute sa (brève) vie de réprimer ses désirs afin que la fameuse peau de chagrin – qui figure sa propre existence – ne rétrécisse pas. C'est pourquoi, écrit Balzac, « il abdiquait la vie pour vivre, et dépouillait son âme de toutes les poésies du désir. [...] Au sein du luxe, il mena la vie d'une machine à vapeur[3]. »

En effet, à celui qui ambitionne une vie de machine à vapeur (on dirait aujourd'hui de trottinette électrique en libre-service !), à celui qui n'a aucun projet, aucun objectif, aucune attache, qui ne cherche qu'à « éviter la douleur

---

dans la perspective chrétienne qui était la sienne, elle est assez fidèle à ce qu'il voulait dire. Le texte qui a sans doute inspiré cette phrase apocryphe est le suivant : « Cherchons [Dieu] pour le trouver, cherchons-le quand nous l'avons trouvé. S'il est cherché pour être trouvé, c'est qu'il est caché ; s'il est cherché quand il est trouvé, c'est qu'il est sans mesure. (...) Il rassasie en effet celui qui le cherche à proportion de ce qu'il prend et il augmente la capacité de celui qui le trouve, afin qu'il cherche de nouveau à être rempli dès qu'il aura commencé à prendre davantage. » (*Traités sur saint Jean*, Homélie 63).

1. ÉPICURE, *Lettre à Ménécée*.
2. Honoré DE BALZAC, *La peau de chagrin*.
3. *Ibid.*

physique et le trouble de l'âme[1] », la perspective d'un temps de vie limité est indifférente. À l'homme d'action, mot qu'il faut entendre en son sens le plus noble[2], elle représente au contraire, pour reprendre le mot d'Épicure, un véritable « trouble » – non tant par peur de mourir, comme le Raphaël de Balzac, mais par peur de ne pas vivre *assez* et *assez longtemps*, justement !

Cette vérité à la fois réjouissante – j'ai du temps devant moi – et angoissante – ce temps est limité – soulève en effet des questions bien réelles : que vais-je en faire ? En aurai-je assez pour combler tous mes désirs ? Comment optimiser son usage ? Ces questions, on peut les éluder (pour un temps) et « faire comme si » : une telle attitude revient, non à repousser l'échéance, à « reculer pour mieux sauter », comme on pourrait le penser, mais carrément à avancer les yeux bandés, à pas régulier, et même en ligne droite, vers le bord de la falaise… Ce faisant, on s'aveugle doublement car, étant limité, et limité *par la mort*, le temps s'avère rare. La rareté, en effet, ce n'est pas seulement, nous dit le Robert, « la qualité de ce qui est peu commun », c'est aussi « le caractère de ce qui est peu fréquent », de ce qui arrive peu souvent. Or, de fait, selon la formule d'Étienne Klein, physicien et philosophe déjà rencontré, « le facteur temps ne sonne jamais deux fois[3] »… Il est rare de manière absolue : une fois passé, il n'est plus.

Quoi qu'il en soit, si l'on persiste à vouloir échapper à ce caractère rare et limité du temps, il n'y a pas mille manières : la solution, c'est l'immortalité de l'esprit, ou bien celle du corps. Au chapitre 2, nous avons déjà abordé

1. ÉPICURE, *Lettre à Ménécée.*
2. Voir chapitre 9.
3. Étienne KLEIN, *Le facteur temps ne sonne jamais deux fois*, Paris, Flammarion, 2007.

l'idée selon laquelle le temps serait une réalité foncièrement intérieure, ce qui nous a conduits à parler de l'éternité. En règle générale – en tout cas dans la pensée occidentale – l'éternité renvoie à la transcendance, et la définition qu'on en donne le plus souvent trouve dans le Dieu du judéo-christianisme son illustration la plus éminente : est éternel ce qui n'a ni commencement ni fin. L'immortalité, c'est autre chose, c'est la qualité de ce qui a un commencement (ce qui a été créé, en somme) mais n'a pas de fin – de sorte qu'on peut se demander ce que l'être humain est susceptible de trouver lorsqu'il cherche à l'intérieur de soi, non l'éternité (c'est-à-dire peu ou prou une participation à l'essence divine), mais l'immortalité. Sans doute rien d'autre qu'une altération, au mieux une *suspension*, de la perception du temps qui passe, ou de la conscience du caractère limité de toute durée – quelle que soit la « quantité » de cette durée, quel que soit le volume de temps qu'elle recouvre et qui, par conséquent, s'ouvre à l'être humain comme une possibilité, s'offre à lui comme une ressource.

Dans quelle (s) circonstance (s) avons-nous l'expérience, la perception concrète et pas seulement l'idée ou la vague impression (comme dans la « flânerie mentale » ou le vagabondage de l'imagination), d'un temps différent du temps dans lequel nous nous trouvons, le *hic et nunc* auquel nous sommes soumis, que nous le voulions ou non ? À bien y réfléchir, je ne vois guère que les états modifiés de conscience (hypnose, transe, expérience psychédélique, extase mystique) et tout ce qui relève de l'inconscient[1], à

1. Lequel est, si l'on en croit Freud, carrément atemporel : « Les processus du système inconscient sont atemporels, c'est-à-dire qu'ils ne sont pas ordonnés temporellement, ne se voient pas modifiés par le

commencer par le rêve. Dans le film *Inception* (2010), de Christopher Nolan, par exemple, le temps du rêve ne correspond pas au temps de veille. En 2013, le chercheur suisse Daniel Erlacher et son équipe ont réalisé une expérience[1] visant à estimer le différentiel entre temps perçu dans le rêve et temps réellement écoulé, c'est-à-dire mesurable à l'état de veille. Pour cela, ils ont sollicité des « rêveurs lucides », en d'autres termes des personnes qui, rêvant, ont conscience d'être en train de rêver et sont donc capables d'envoyer des signaux (mouvements de l'œil, par exemple) « depuis » leur état de rêve. Le résultat est surprenant : lorsque les sujets comptent, le temps perçu en rêve et le temps réellement écoulé coïncident ; en revanche, lorsqu'ils marchent ou exécutent des gestes de gymnastique, il y a un décalage entre le temps perçu et le temps réel. Selon Erlacher, cette différence pourrait être due à l'implication, dans les deux derniers types d'action, des fonctions motrices du corps – ce qui ouvre, là aussi, un champ de questionnement immense sur les interactions du temps et de l'espace.

Voilà donc pour l'esprit et les leviers qu'il offre à celui qui veut prolonger, au moins par la perception, le temps qui lui est échu, et se donner ainsi l'illusion de l'immortalité. Et le corps ? Comment peut-on, physiquement cette fois, « repousser les limites », « reculer le jour et l'heure », « gagner du temps sur le temps » ? Il faut ici distinguer la quête de l'éternelle jeunesse, qui consiste à arrêter le temps au moment de l'optimum supposé (aux plans

---

temps qui s'écoule, n'ont absolument aucune relation au temps », « L'inconscient », *Métapsychologie*, Paris, Gallimard, 1940.

1. Présentée dans Erlacher D, Stumbrys T., « Wake Up, Work on Dreams, Back to Bed and Lucid Dream : A Sleep Laboratory Study », *Frontiers In Psychology*, juin 2020.

anatomique, esthétique, intellectuel), et celle de la longévité maximale, laquelle peut s'accommoder du grand âge, dès lors qu'il implique la bonne santé. On pourrait dire que la première correspond au fantasme de la puissance (la force, la passion) tandis que la deuxième renvoie à celui du pouvoir (le contrôle, la domination).

Quoi qu'il en soit, l'ambition de repousser la limite des 120 ans – âge qui, soit dit en passant et toute malice mise à part, réconcilie la science et la religion puisqu'il correspond à la fois au « plateau » asymptotique statistiquement observable à l'heure actuelle[1] et à la longévité ordinaire fixée par Dieu dans la Bible[2] – cette ambition, donc, mobilise des millions de professionnels et représente un marché de plusieurs dizaines de milliards d'euros. Elle donne lieu à la production de biens et services qui vont des crèmes pour la peau à la manipulation génétique en passant par le renouvellement cellulaire (médecine régénérative) et les parcours d'optimisation épigénétique (sport, sommeil, alimentation, gestion du stress, etc.).

Les pistes du renouvellement cellulaire et de la manipulation génétique ont conduit au lancement de différentes initiatives et à la création de plusieurs entreprises, telles Retro Biosciences, Tally Health ou Altos Labs, la start-up de Jeff Bezos et Yuri Milner. Elles sont toutes à la recherche de la formule permettant de stopper le vieillissement et donc, au fond, d'arrêter le temps. Et certains résultats sont particulièrement prometteurs.

1. Les êtres humains qui dépassent cet âge sont rarissimes, alors que le nombre de ceux qui s'en approchent croît chaque année.

2. Voir Genèse 6, 3 : « Mon esprit ne dirigera pas toujours l'homme, étant donné ses erreurs : il n'est que chair et ses jours seront de cent vingt ans. »

L'expérience menée en 2019[1] sur des souris, par une équipe conjointe du Musée national d'histoire naturelle (MNHN) et du Centre national de la recherche scientifique (CNRS), a par exemple montré qu'en modifiant génétiquement certains neurones inhibiteurs du cerveau de l'animal on est en mesure de prolonger son espérance de vie en bonne santé de 30 %. Par rapport aux souris témoins, les souris génétiquement modifiées présentaient ainsi une meilleure motricité et un pelage en meilleur état, de même qu'une masse graisseuse plus faible et donc un moindre risque d'apparition de maladies métaboliques.

Cela dit, je m'avancerai ici à parier que, même si on parvient à repousser la limite des 120 ans, il y a peu de chances (de risques ?) qu'elle change d'ordre de grandeur. N'en déplaise à Nino Ferrer, le temps a beau durer longtemps, nous ne vivrons sans doute jamais « un million d'années »…

Ainsi devons-nous compter avec une ressource rare et limitée. Mais le défi ne tient pas qu'à ce trait-là – car, d'une part, comme je l'ai déjà dit, et c'est le mystère du temps perçu, certaines heures paraissent durer des journées entières, et, d'autre part, comme le dit Épicure, « de même que ce n'est pas toujours la nourriture la plus abondante que nous préférons, mais parfois la plus agréable, pareillement ce n'est pas toujours la plus longue durée qu'on veut recueillir, mais la plus agréable[2] ». Et c'est sans compter les moments où l'on voudrait, au contraire, que le temps passe plus vite, ou qu'il reprenne son cours alors qu'un traumatisme quelconque nous donne l'impression qu'il s'est arrêté. *The Swede*, le héros du roman *Pastorale américaine* de

1. Camille De Lombares, Églantine Heude, *et al.* « Dlx5 and Dlx6 expression in GABAergic neurons controls behavior, metabolism, healthy aging and lifespan », *Aging*, 2019.

2. Épicure, *Lettre à Ménécée.*

Philip Roth, ressent cela, lorsqu'il apprend, après des années de secret, que l'une de ses amies a hébergé sans le prévenir sa fille en cavale : « Au dîner – dehors, sur la terrasse de derrière, avec les ténèbres s'avançant si graduellement que le soir lui semblait coincé, arrêté, suspendu, provoquant en lui le sentiment angoissant que plus rien n'allait suivre, que plus rien n'allait se passer, plus jamais, qu'il s'était couché dans un cercueil taillé dans l'épaisseur même du temps, un cercueil dont il ne se relèverait pas[1]. »

Or, le vrai problème, c'est que le temps est une ressource fuyante. Par essence. Je me souviens d'un de mes professeurs au lycée, Monsieur Bourrinet, un homme de santé fragile qui souffrait d'épouvantables migraines, ce qui devait le rendre particulièrement sensible à la rareté du temps et au caractère infiniment précieux de la vie qui nous est « prêtée ». De tempérament un peu fantasque, il lui arrivait de s'interrompre dans une leçon pour déclamer à haute voix, avec une espièglerie qui n'excluait pas la gravité : « FUGIT IRREPARABILE TEMPUS ! » Le temps fuit, de manière irréparable, quoi qu'on fasse et quoi qu'on veuille. Le temps ne se « garde » pas, au chaud ou en réserve. Il n'y a pas de « nappe phréatique du temps » où nous puiserions à notre guise et dont il nous suffirait de surveiller le niveau. Le temps est un fleuve – et, d'ailleurs, comme aurait dit Héraclite (541-480 av. J.-C.), un fleuve dans lequel on ne se baigne jamais deux fois. Son débit est parfois faible – et nous avons le sentiment d'avoir « la vie devant soi », pour reprendre le titre du chef-d'œuvre de Romain Gary (1914-1980) ; il est parfois fort – et nous craignons alors d'être « dépassés par les événements ». Son itinéraire est tantôt clair et distinct (et les choses « tournent comme une

1. Philip Roth, *Pastorale américaine*, Paris, Gallimard,1997.

horloge »), tantôt confus (on se surprend alors à « chercher midi à quatorze heures »). Cette élasticité, à l'échelle d'une journée ou d'une vie, nous déroute.

Le temps ne connaît pas d'obstacle ; mais son lit sans fin, pour filer la métaphore du fleuve, est pour nous une impasse – c'est la mort qui est au bout. Ce paradoxe est la source d'un désarroi que bien des artistes, depuis deux mille cinq cents ans au moins, ont exprimé.

Parmi les trésors qui en résultent, arrêtons-nous sur quelques courants saillants et quelques œuvres emblématiques. Je commencerai avec ce genre étrange et perturbant, surtout à l'âge de la « mort interdite » (Philippe Ariès[1]) : les vanités. Popularisées au XVIIe siècle, ces natures mortes sont reconnaissables entre mille par le sujet central de leur composition : un crâne ! Souvent entouré d'objets (livres, armes, bijoux, mets) censés représenter l'inutilité des biens terrestres (le savoir, le plaisir, le pouvoir et l'argent) et d'autres (sablier, horloge, bougie, clepsydre, bulles de savon, fleurs) symbolisant l'inexorable écoulement du temps et le caractère éphémère des biens d'ici-bas, le crâne rappelle la finitude humaine – d'où le nom de ces peintures, tiré du célèbre verset du livre de l'Ecclésiaste, dans la Bible : « Vanité des vanités, tout est vanité[2] ». L'une des plus célèbres, peinte en 1644 par Philippe de Champaigne (1602-1674), est caractéristique : composition on ne peut plus sobre, fond noir, tablette de calcaire blanche sur laquelle sont posés un crâne, bien sûr, représentant l'ordre animal, une tulipe en train de faner (le végétal) et un sablier (le minéral).

1. Philippe ARIÈS, *Essais sur l'histoire de la mort en Occident*, Paris, Éd. du Seuil, 1974.
2. *L'Ecclésiaste*, I, 2.

Toujours en peinture, c'est une autre manifestation de la fuite du temps que soulignent, dans la deuxième moitié du XIXe siècle, les œuvres des impressionnistes : sa fugacité. Le tableau à l'origine de ce courant, en 1872, par son sujet et son nom, le résume bien. *Impression, soleil levant* : Claude Monet (1840-1926) tente de fixer une lumière qui n'existe déjà plus lorsque son pinceau se pose sur la toile, car nul ne peut entraver la course de l'astre qui en est la source. Une intention peut-être encore plus émouvante dans la série consacrée à la cathédrale de Rouen : Monet a peint plus de trente fois cette façade dont les couleurs changent en fonction des heures du jour. Mais il aurait pu la peindre cent, mille, un million de fois, car c'est au fond le temps lui-même qu'il a essayé de peindre – le temps qui s'enfuit.

En littérature, art auquel on peut d'ailleurs associer la chanson, ce thème est bien sûr l'un des plus explorés, obsédants, féconds – et universels, puisqu'on le retrouve sous toutes les latitudes et à toutes les époques. Pour terminer ce chapitre, j'emprunterai donc à trois œuvres reflétant trois attitudes face au temps qui s'enfuit.

La première dit la colère :

Horloge ! dieu sinistre, effrayant, impassible,
Dont le doigt nous menace et nous dit : « Souviens-toi !
Les vibrantes Douleurs dans ton cœur plein d'effroi
Se planteront bientôt comme dans une cible ;
[…]
Trois mille six cents fois par heure, la Seconde
Chuchote : Souviens-toi ! – Rapide, avec sa voix
D'insecte, Maintenant dit : Je suis Autrefois,
Et j'ai pompé ta vie avec ma trompe immonde[1] ! »

1. Charles BAUDELAIRE, « L'horloge », *Les Fleurs du mal*, 1857.

La deuxième, la mélancolie :

Sous le pont Mirabeau coule la Seine
Et nos amours
Faut-il qu'il m'en souvienne
La joie venait toujours après la peine
Vienne la nuit sonne l'heure
[…]
Passent les jours et passent les semaines
Ni temps passé
Ni les amours reviennent
Sous le pont Mirabeau coule la Seine[1].

Et la troisième, la résignation :

Avec le temps
Avec le temps, va, tout s'en va
On oublie le visage, et l'on oublie la voix
Le cœur, quand ça bat plus
C'est pas la peine d'aller chercher plus loin
Faut laisser faire, et c'est très bien[2]

1. Guillaume APOLLINAIRE, « Le Pont Mirabeau », *Alcools*, 1913.
2. Léo FERRÉ, « Avec le temps », 1971.

7.

UNE RESSOURCE AUTONOME

Le hasard et la nécessité : c'est le titre que le grand biologiste Jacques Monod (1910-1976), prix Nobel de médecine en 1965, a donné au livre dans lequel il expose sa vision de la science, paru en 1960[1]. Ce titre lui a été inspiré par une citation, « Toutes choses dans la nature sont le fruit du hasard et de la nécessité », qu'on attribue habituellement à Démocrite (460-370 av. J.-C.). En réalité, comme le remarque Antoine Danchin[2], cette phrase n'existe pas dans l'œuvre de Démocrite telle qu'elle nous est parvenue. On peut en revanche la rapprocher d'un texte du maître de ce dernier, Leucippe (Ve siècle av. J.-C.), où l'on trouve ceci : « Rien dans la nature ne devient par soi-même mais tout est le fruit d'un ordre (logos) et de la nécessité. »

De prime abord, « ordre » et « hasard » peuvent paraître antagonistes, et on se demande comment on a pu glisser de l'un à l'autre : dans l'acception courante, en effet, ce qui relève du hasard échappe, précisément, à ce qu'évoque la notion d'ordre, à savoir la causalité, la prévisibilité, la nécessité. En réalité, derrière le mot « hasard » tel qu'il

1. Jacques MONOD, *Le hasard et la nécessité*, Paris, Éd. du Seuil, 1970.

2. Antoine DANCHIN, « Hasard et biologie moléculaire », *Le hasard aujourd'hui*, Paris, Éd. du Seuil, 1991.

figure chez d'autres auteurs grecs (Sophocle, Platon[1]), on peut déceler l'idée d'une logique, mais tellement difficile à saisir pour l'entendement humain qu'elle s'en trouve parée de mystère et d'insaisissabilité. C'est ce que laisse entendre Monod lui-même lorsqu'il écrit dans son livre précité : « On emploie ce mot [de hasard] à propos du jeu de dés, ou de la roulette et on utilise le calcul des probabilités pour prévoir l'issue d'une partie. Mais ces jeux purement mécaniques et macroscopiques, ne sont « de hasard » qu'en raison de l'impossibilité pratique de gouverner avec une précision suffisante le jet du dé ou celui de la boule. Il est évident qu'une mécanique de lancement de très haute précision est concevable, qui permettrait d'éliminer en grande partie l'incertitude du résultat[2]. »

À cette incertitude qu'il qualifie d'« opérationnelle », Monod oppose une incertitude « essentielle », celle des « coïncidences absolues », à l'intersection de « chaînes causales totalement indépendantes[3] » : « Supposons par exemple que le Dr Dupont soit appelé d'urgence à visiter un nouveau malade, tandis que le plombier Dubois travaille à la réparation urgente de la toiture d'un immeuble voisin. Lorsque le Dr Dupont passe au pied de l'immeuble,

1. Qui écrit, dans *Les lois* (IV, 709), « avec Dieu, le hasard et le *kairos* gouvernent les affaires humaines ».

2. Reprenant l'exemple du dé, Étienne Klein écrit : « Le mouvement d'un dé, symbole canonique de la notion de hasard, est en réalité parfaitement déterministe : si son résultat nous semble impossible à prévoir, c'est parce qu'il dépend de causes trop complexes pour que nous puissions les connaître toutes et les prendre en compte. », « Quels sont les aléas du hasard ? », *Pourquoi moi ? Le hasard dans tous ses états*, ouvr. coll., Belin, 2021.

3. Une notion que l'on doit au génial mathématicien, philosophe et économiste Antoine-Augustin Cournot (1801-1877), notamment dans *Essai sur les fondements de nos Connaissances et sur les caractères de la Critique Philosophique*, 1851.

le plombier lâche par inadvertance son marteau, dont la trajectoire (déterministe) se trouve intercepter celle du médecin, qui en meurt le crâne fracassé. Nous disons qu'il n'a pas eu de chance. Quel autre terme employer pour un tel événement, imprévisible par sa nature même ? Le hasard ici doit évidemment être considéré comme essentiel, inhérent à l'indépendance totale des deux séries d'événements dont la rencontre produit l'accident[1]. »

En outre, il arrive que le hasard n'en soit un que pour celui qui s'en trouve affecté, ce qui nous ramène à l'importance de la perception subjective, déjà rencontrée lors de notre examen ontologique du temps[2]. C'est le sens du fameux passage de Paul Valéry : « Que m'importe, si je n'ai pas de billet de loterie, que tel ou tel numéro sorte de l'urne ? Je ne suis pas sensibilisé à cet événement. Il n'y a point de hasard pour moi dans le tirage, point de contraste entre le mode uniforme d'extraction de ces numéros et l'inégalité des conséquences. Ôtez donc l'homme et son attente, tout arrive indistinctement coquille ou caillou ; mais le hasard ne fait rien au monde, – que de se faire remarquer[3]. »

Le hasard est donc un déclencheur d'*événements* (pour reprendre le mot de Valéry) sur lesquels nous n'avons aucune prise et qui viennent interrompre le cours normal du temps, ou plus exactement le cours que nous nous efforçons de lui donner, les digues de sable dont nous bordons son lit. Dès lors, ce dernier nous échappe : ce qui survient de manière inopinée nous prive de la ressource qu'est le temps – inopiné vient d'ailleurs du latin *inops* qui

1. Jacques MONOD, *Le hasard et la nécessité.*
2. Voir première partie.
3. Paul VALÉRY, *L'homme et la coquille*, Paris, Gallimard, 1937.

signifie « sans ressources ». À ce titre, le hasard illustre de manière éminente ce qu'on pourrait appeler l'autonomie du temps : le temps a sa propre logique, sa propre économie, sa propre loi (auto-nomos) que nous avons parfois tendance à oublier mais qui, *aléatoirement*, se rappelle à notre bon souvenir et s'impose à nous.

Qui, en effet, n'a pas rencontré ces « imprévus » au cours de son existence ? Certains sont heureux, positifs – je me souviens par exemple du coup de fil de la « chasseuse de tête » qui a enclenché le long processus par lequel je suis devenu directeur général du groupe AG2R La Mondiale – et d'autres douloureux, tristes – un accident de voiture, la mort d'un ami.

L'autonomie du temps nous apparaît concrètement sous la forme de *temporalités contraintes* : nous n'avons d'autre choix que de nous soumettre au « fonctionnement » du temps et à des obligations qui se traduisent par une forme de réquisition de *notre* temps – dérisoire appropriation… Ces temporalités contraintes existent à l'échelle sociale et collective – nous évoquerons ce point au chapitre suivant – mais aussi au niveau individuel. Soulignons d'emblée qu'elles peuvent certes avoir des conséquences positives ou négatives mais, en tant que telles, elles sont neutres, elles ne sont que l'expression d'une certaine souveraineté du temps.

Je voudrais en présenter deux catégories. La première est celle du cycle, un thème que nous avons déjà évoqué. Il ne s'agit pas ici de l'éternel retour nietzschéen ou du *samsara*[1] des spiritualités asiatiques, mais de réalités à la fois plus triviales et plus fondamentales. Le sommeil, par exemple. Que nous le voulions ou non, toutes les vingt-quatre heures, lorsque le soleil se couche, notre horloge

1. Cycle des réincarnations.

biologique, située dans l'hypothalamus, se met en « mode nuit », activée notamment par des cellules rétiniennes. Ce qu'on appelle le rythme circadien gouverne ainsi l'ensemble des fonctions de notre organisme. C'est à lui que l'on doit la sécrétion de mélatonine en fin d'après-midi, le sommeil profond de la nuit, la température corporelle plus basse du matin, les contractions intestinales qui diminuent pendant le jeûne nocturne, etc. Il fonctionne grâce à des « gènes d'horloge », dont le principal est éloquemment nommé « Clock ». Ce dernier contrôle partiellement et indirectement l'horloge cellulaire, laquelle régule les cycles de division des cellules, toutes les vingt heures environ.

Bref, nul ne peut se dérober complètement au sommeil sans courir des risques graves pour sa santé physique et mentale; nous y consacrons d'ailleurs environ un tiers de notre temps. De surcroît, nous ne sommes pas égaux face à la contrainte du sommeil : certains sont de « gros dormeurs » et d'autres n'ont besoin que de quatre ou cinq heures de sommeil par nuit, voire moins. On l'entend souvent dire de certains dirigeants tels Napoléon, Winston Churchill, Donald Trump ou Emmanuel Macron, sans qu'on sache si ce rythme est imposé par leurs fonctions accaparantes, ou s'il tient à leur patrimoine génétique – auquel cas il se peut qu'ils soient parvenus à de telles fonctions, précisément, parce qu'ils « vivaient plus longtemps » chaque jour; en effet, cette capacité hors norme confère un « avantage compétitif » indéniable.

Notre existence est scandée par une multitude de cycles plus ou moins comparables au cycle circadien. Certains sont purement biologiques, eux aussi, comme celui de la fertilité féminine : tous les vingt-huit jours en moyenne, à partir d'un certain âge et jusqu'à un certain âge (ce qui constitue un autre type de temporalité contrainte), les femmes ont leurs règles, ou menstruations. D'autres cycles sont très lointainement liés à nos besoins biologiques (s'alimenter, se vêtir, se laver, etc.) mais n'en sont pas moins, à bien y réfléchir, incontournables, comme les tâches domestiques, perpétuellement à recommencer : chaque jour, il faut s'occuper des enfants, faire la cuisine ; régulièrement, il faut faire les courses, le ménage, entretenir le linge, tondre la pelouse, etc.

Dans *Les choses*, souvent considéré comme le roman d'une époque, celle des Trente Glorieuses et de l'entrée dans l'ère du consumérisme, Georges Pérec (1936-1982) montre la pesante froideur d'une vie qui n'est envisagée que sous l'angle de la contrainte matérielle. Il y décrit l'existence d'un jeune couple, vouée tout entière aux « choses », lesquelles n'occupent pas seulement l'espace, mais aussi le temps : « Ils avaient du temps libre ; mais le temps travaillait aussi contre eux. Il fallait payer le gaz, l'électricité, le téléphone. Il fallait manger, chaque jour. Il fallait s'habiller, il fallait repeindre les murs, changer les draps, donner le linge à laver, faire repasser les chemises, acheter les chaussures, prendre le train, acheter les meubles[1]. » En France, les tâches domestiques représentent en moyenne plus de 3 heures par jour et par personne, sachant que la part des femmes est supérieure de 75 % à celle des hommes[2]. Et l'on pourrait également mentionner, comme le fait Pérec, les déplacements pendulaires domicile/travail, auxquels il est rare qu'on puisse « couper », selon une expression familière fort expressive.

1. Georges Pérec, *Les choses*, Paris, Julliard, 1965.
2. Source INSEE, 2010.

La deuxième catégorie de temporalité contrainte dont je voudrais parler, et qui impacte nos existences au quotidien, est liée à l'usure, l'obsolescence, l'entropie[1]. Là encore, on ne peut que se soumettre à la loi du temps selon laquelle, par exemple, les aliments se dégradent et, au bout d'une certaine durée, sont considérés comme impropres à la consommation (sauf processus de conservation qui, au fond, ne font que déplacer la contrainte temporelle). On pourrait également citer, à titre d'illustration, ces statues de saints patinées à force d'avoir été touchées par les pieuses mains des fidèles – comme celle de saint Pierre, à Rome, dans la basilique du même nom – ou les marches des vieux escaliers, creusées par les chaussures de ceux qui les empruntent depuis des siècles, ou encore ces couteaux dont la lame a rétréci à force d'être aiguisée. Il arrive même que, pour accélérer la succession des cycles d'usage et en tirer un profit marchand, les fabricants prévoient à l'avance la durée et la fin de « vie » d'un objet : c'est l'obsolescence programmée, aujourd'hui punie par la loi, lorsque son caractère délibéré peut être établi.

Une dernière forme de dégradation, qui, sauf exception, ne dépend pas de nous et suit le cours du temps en toute autonomie, selon sa propre ordonnance, c'est l'oubli. Même les individus dotés d'une mémoire naturellement très performante ou diligemment entraînée sont incapables de conserver l'intégralité de leurs faits, gestes et pensées comme s'ils les avaient enregistrés avec une caméra. Et on a tendance à se plaindre de cette « mémoire qui flanche », comme dit la chanson, une mémoire bien souvent sélective et qui sélectionne selon des critères qui nous échappent. C'est contrariant, en effet, et même tragique chez les

1. Voir chapitre 1.

personnes qui en souffrent de manière pathologique, comme celles qui sont atteintes des maladies d'Alzheimer ou de Parkinson. Il est vrai par ailleurs que, sur le plan moral, certaines défaillances de la mémoire sont déshonorantes et portent atteinte à notre dignité[1].

Mais l'oubli peut aussi être libérateur; à travers lui, pour reprendre les mots du philosophe Alain (1868-1951), « le temps dévore le regret[2] » ; sans lui, on ne pourrait vivre. La mémoire absolue – analogue à l'oreille absolue – serait tout simplement insupportable, comme l'illustre la troublante nouvelle de Jorge Luis Borges (1899-1986) intitulée *Funes ou la mémoire* : elle raconte l'histoire d'un homme, Irénée, qui, précisément, se retrouve doté, à la suite d'un accident, de la mémoire absolue. Ainsi, écrit Borges, Irénée « connaissait les formes des nuages austraux de l'aube du trente avril mil huit cent quatre-vingts et pouvait les comparer au souvenir des marbrures d'un livre en papier espagnol qu'il n'avait regardé qu'une fois et aux lignes de l'écume soulevée par une rame sur le Rio Negro la veille du combat de Quebracho. Ces souvenirs n'étaient pas simples : chaque image visuelle était liée à des sensations musculaires, thermiques, etc. » Et Borges de résumer, non sans une malice à la fois désabusée et compatissante : « Deux ou trois fois il avait reconstitué un jour entier; il n'avait jamais hésité, mais chaque reconstitution avait demandé un jour entier[3] ». Logique, pour qui a, précisément, une mémoire du temps qui « colle » exactement au temps, la mémoire d'un passé revécu comme un présent.

1. Nous y reviendrons dans le chapitre suivant, notamment à propos de la fidélité.
2. Alain, *Propos sur le bonheur*, Paris, Gallimard, 1928.
3. Luis Borges, « Funes ou la mémoire », *Fictions*, Paris, Gallimard, 1944.

Sur le même sujet, et même s'il met l'oubli au service d'une morale discutable, Friedrich Nietzsche (1844-1900) en offre malgré tout une analyse pénétrante lorsqu'il écrit que « l'oubli n'est pas seulement une force d'inertie, comme le croient les esprits superficiels ; c'est bien plutôt un pouvoir actif, une faculté d'inhibition positive au sens le plus strict du mot [...] Nul bonheur, nulle sérénité, nulle espérance, nulle fierté, nul instant présent ne pourraient exister sans faculté d'oubli[1]. ». Mentionnons d'ailleurs, par souci d'honnêteté intellectuelle, que Nietzsche accorde aussi une place éminente à la mémoire, notamment comme garantie des promesses que l'on contracte : « Cet animal nécessairement oublieux, pour qui l'oubli est une force et la manifestation d'une santé *robuste*, s'est créé une faculté contraire, la mémoire, par quoi, dans certains cas, il tiendra l'oubli en échec — à savoir dans les cas où il s'agit de promettre [...] [c'est-à-dire] répondre de sa personne *en tant* qu'*avenir*, ainsi que le fait celui qui se lie par une promesse[2] ! »

Outre les cycles et la dégradation, je voudrais signaler deux autres contraintes impliquant le temps. Plus anecdotiques, elles n'en sont pas moins réputées si irrécusables, et les individus qui en font l'expérience (en particulier dans le monde du travail) sont si nombreux, qu'on les appelle carrément des « lois » – et c'est l'emploi de ce terme que je trouve intéressant, car il fait écho à l'idée d'une autonomie du temps. La première est la loi de Carlson, du nom de l'économiste suédois Sune Carlson (1909-1999). Dans son livre *Executive Behavior*[3], il explique que le temps perdu à cause de l'interruption involontaire d'une tâche (donc en

1. Friedrich Nietzsche, *Généalogie de la morale*, 1900.
2. *Ibid.*
3. Sune Carlson, *Executive Behavior*, Uppsala, Uppsala University Publications, 1951.

dehors des pauses) est supérieur au temps de l'interruption proprement dit. En d'autres termes, si un collègue vient vous parler ou si vous recevez un appel téléphonique pendant que, concentré, vous préparez une réunion, par exemple, le temps perdu sera celui de la conversation elle-même, auquel il faudra ajouter le temps nécessaire pour se remobiliser intellectuellement, mentalement et physiquement, et « replonger » dans la tâche délaissée. De surcroît, si vous n'avez d'autre choix que de terminer ladite tâche dans le temps initialement imparti (en raison d'une *deadline*, par exemple), vous devrez déployer d'autant plus d'énergie, ce qui occasionnera chez vous stress et frustration. Bref, le temps est jaloux, il n'aime pas qu'on l'utilise au débotté pour des activités hors-programme[1].

La deuxième loi est celle de Parkinson, mise en évidence par l'historien anglais spécialiste de la bureaucratie Cyril Northcote Parkinson (1909-1993). Selon lui, si une équipe, au sein d'une administration ou d'une grande entreprise, dispose d'un certain temps pour accomplir une tâche, elle sera naturellement conduite, quel que soit le nombre d'employés qui la composent, à utiliser l'intégralité de cette durée, plutôt que de l'optimiser, c'est-à-dire éventuellement la raccourcir. Et si cette durée augmente, pour quelque raison que ce soit, elle sera également utilisée intégralement, et pour la même tâche. C'est la propriété d'expansibilité des gaz appliquée au travail, avec non plus l'espace comme référence, mais le temps. Se fondant sur des années, voire des décennies, d'observation et d'analyse statistique au sein des ministères britanniques de la Marine et des Affaires coloniales, Parkinson explique

1. Au chapitre suivant, nous évoquerons le problème des individus chronophages.

que la clé de cette « loi » est à rechercher dans le comportement des chefs d'administration, hantés par l'apparition d'éventuels rivaux susceptibles de leur prendre leur place, et qui multiplient par conséquent les créations de postes subalternes pour élargir la base de la pyramide au sommet de laquelle ils se trouvent – lesquels subalternes inventent des « tâches intermédiaires » inutiles pour justifier leur emploi. Le résumé des observations de Parkinson, plein de cet humour pince-sans-rire typiquement *british*, mérite d'être cité : « Les politiciens et les contribuables ont cru (avec des phases de doute occasionnelles) que la croissance des effectifs de fonctionnaires devait refléter une croissance du travail à abattre. Les cyniques, moins crédules, se sont dit que la multiplication des fonctionnaires devait avoir conduit certains, parmi ces derniers, à être complètement oisifs, ou la totalité d'entre eux à faire moins d'heures. Mais, dans cette affaire, ni la foi ni le doute n'ont leur place. Il se trouve que le nombre de fonctionnaires et la quantité de travail ne sont pas corrélés. Le nombre de fonctionnaires serait le même, que le travail vienne à augmenter, à baisser ou à rester identique[1]. » On peut d'ailleurs signaler que dans l'ouvrage où il développe cette « loi », Parkinson en présente une deuxième, fort intéressante également : la loi de futilité. En somme, au sein d'une grande entreprise ou d'une administration, moins le budget impliqué par un projet est élevé, plus le temps passé à en discuter sera long. Il imagine notamment les minutes d'un conseil d'administration où sont successivement discutées la construction d'un réacteur atomique et celle d'un garage à vélo. Le projet dont la discussion

1. *Parkinson's Law, or The Pursuit of Progress*, Londres, Penguin, 1957.

s'avère la plus chronophage n'est pas celui auquel on pense intuitivement… La scène décrite par Parkinson n'est pas seulement très réaliste ; elle soulève également de vraies questions.

Je l'ai déjà dit : les temporalités contraintes ne sont pas forcément pénibles. Elles peuvent nous être profitables. Dans ces cas-là, elles sont comme des externalités positives du temps qui passe. L'intelligence par exemple a son rythme propre. La compréhension du réel (les êtres, les choses, les événements) est rarement immédiate ; les « degrés du savoir », pour reprendre le titre d'un livre de Jacques Maritain dont nous reparlerons, constituent un itinéraire qui ne se parcourt pas « en deux temps trois mouvements ». Qui peut dire, en découvrant un problème de mathématiques ou un texte de Husserl, qu'il sait d'avance combien de temps il lui faudra pour le résoudre ou le comprendre, quand bien même il serait mathématicien ou philosophe ? Il y faut au contraire, le plus souvent, des heures et des heures de réflexion. En outre, il faut parfois « laisser décanter » pour avoir les idées claires sur une situation ou une rencontre, a fortiori lorsqu'elle est marquante.

En psychanalyse par exemple, Freud a employé l'expression « après coup » pour désigner le processus par lequel le psychisme remanie les événements passés au gré des expériences, pour leur donner un sens au présent. Il prend l'exemple d'une de ses patientes, Emma, qui ne réalise la gravité d'une agression subie dans la petite enfance qu'à la faveur d'un second événement, survenu à l'adolescence : le second événement, assez anodin, n'est vécu comme un traumatisme par la jeune fille qu'en raison de l'association (inconsciente, en l'occurrence) qu'elle fait avec le premier, lequel est, lui, réellement traumatisant.

Le spécialiste Joël Bernat explique qu'il faut comprendre ce mécanisme comme une sorte d'« inversion de la flèche du temps » : « Ce que nous sommes aujourd'hui est aussi en partie responsable de ce que nous avons été, dans le sens où nos réinterprétations actuelles du passé selon un « projet » viennent transformer ce passé pour justifier notre présent, notre théorie ou l'histoire actuelle de nous-mêmes. C'est le temps le plus exemplaire de l'après-coup, un temps qui n'est plus du tout linéaire. C'est une rétroaction qui fait que la construction d'un individu, son histoire, se fait à rebours et donc toujours après coup par rapport à son développement [...] Cela veut dire aussi que nous vivons en permanence avec tous nos âges[1]. »

Au fond, le temps fait ce qui lui plaît. Pire, nous dit Paul Morand (1888-1976) dans *L'homme pressé*, il « ne respecte pas ce qui se fait sans lui[2] ». Ceux qui planifient leur année entière en oubliant les changements d'heure ou les années bissextiles en savent quelque chose... Ainsi, les grilles que nous plaquons sur l'espace, comme celle des parallèles et des méridiens, ou celle des fuseaux horaires, nous espérons qu'elles s'appliqueront également au temps. Et nous avons parfois l'illusion que cela fonctionne, d'ailleurs. Je me souviens d'un voyage en Océanie au cours duquel j'avais passé la journée du vendredi en Nouvelle Calédonie avant de prendre le samedi matin un vol pour la Polynésie – où j'ai atterri le vendredi soir ! J'ai donc vécu un week-end « prolongé » avec deux vendredis soir et deux samedis matin. Évidemment, tout dépend du référentiel

1. Joël BERNAT, « Psyché n'est qu'après-coup » (les temporalités psychiques), *Cahiers d'Études germaniques*, numéro 57, 2009.
2. Paul MORAND, *L'homme pressé*, Paris, Gallimard, 1941.

qu'on utilise et mon avion du samedi matin / vendredi soir n'était pas une machine à remonter le temps… Il n'empêche que j'ai vécu cette « anomalie », cette fausse « faille spatio-temporelle » comme un véritable cadeau du ciel – sans doute l'un des plus précieux qui puissent m'être faits : quelques heures en plus à profiter de la vie. À l'inverse, lors d'un autre déplacement, de Los Angeles à Sydney, j'avais « perdu » une journée puisque j'avais décollé un mardi soir et atterri un jeudi matin. Là encore, question de référentiel. Car le temps, ressource rare, limitée et autonome, est aussi une ressource sociale : les vendredis soir et samedis matin que j'ai gagnés entre Nouméa et Papeete, et le mercredi que j'ai perdu entre la Californie et l'Australie, ne sont pas du temps – ou du Temps – mais seulement des heures, que comptent des individus donnés au sein de sociétés données.

Ce qui nous ramène au sujet des grilles : elles ne se superposent pas forcément d'un territoire à l'autre. Prenons l'exemple du changement de jour : aujourd'hui, il est d'usage de passer d'un jour à l'autre à minuit – minuit heure locale, ce qui implique de définir une ligne de changement de date à l'échelle de la planète : ainsi, on fête déjà le Nouvel An à Tokyo alors qu'on prend le thé à Paris… Mais le moment du changement de jour peut aussi varier selon les coutumes ou les religions : le soir au coucher du soleil chez les anciens Grecs et Romains, dans le judaïsme et l'islam; le matin au lever dans l'Égypte antique ou en Perse; à l'instant où le soleil passe au méridien du lieu dans l'ancienne Arabie, etc. Cet aspect social du temps, le temps comme carrefour entre les existences individuelles, c'est justement l'objet du prochain chapitre.

8.

LA JOUISSANCE DU TEMPS : BATAILLE ET NÉGOCE

Dans *Le crabe aux pinces d'or*, l'une des aventures de Tintin, les Dupont-Dupond sont à bord d'une vieille jeep, dans le désert d'Arabie. Ils roulent à l'allure permise par la guimbarde, c'est-à-dire limitée. Soudain, une puissante berline les dépasse à pleine vitesse (où se trouvent d'ailleurs Tintin et le capitaine Haddock). L'un des détectives saute de la voiture et, bien sûr, se retrouve à la renverse, tout contusionné, dans le sable et les cailloux. « Eh bien, qu'est-ce qui t'a pris ? Pourquoi es-tu descendu en marche ? » lui demande son camarade. « En marche ? s'étonne l'autre. Nous étions en marche ? Ah ! Je comprends maintenant !… C'est cette voiture qui nous a dépassés… Elle roulait tellement vite que j'ai cru que nous étions arrêtés… »

La méprise du Dupond (t) tient à deux choses. D'abord, la relativité de la vitesse considérée dans deux référentiels différents : celui de la piste où la jeep avance bel et bien, quoique lentement ; celui de la berline lancée à fond par rapport à laquelle la jeep semble ne pas avancer – d'où la cabriole du détective. Ensuite, le fait que l'environnement soit uniforme : du sable et rien que du sable, à perte de vue, sans possibilité de discerner les distances grâce aux différences de paysage. Si la piste avait été bordée de palmiers, l'incident ne se serait pas produit car le détective aurait perçu le mouvement de la jeep. D'ailleurs, dans le même album, les Dupont-Dupond, toujours dans leur jeep, tournent en rond sur leurs propres traces car, à nouveau, du fait de l'uniformité du désert, rien ne leur permet de savoir s'ils progressent ou non.

Pourquoi un tel détour par Tintin ? Pour montrer que l'espace est parfaitement interchangeable lorsqu'il n'est pas déterminé : il n'y a pas plus semblable à un hectare de sable qu'un autre hectare de sable. Dans le désert, je suis un peu comme le chat de Schrödinger, je bouge et je ne bouge pas – d'où la chute, lorsque le référentiel change subitement. L'hectare de sable ne devient un lieu, *mon* lieu, que si je le transforme en jardin, par exemple. C'est la forme que je lui donne, le sens que je lui confère, l'usage que j'en fais qui le définissent.

Il en va pareillement du temps.

Poursuivons l'analogie pour arriver à la question dont j'aimerais discuter dans ce chapitre. Si je veux cultiver mon jardin (« profiter » de mon jardin), je dois le clôturer, sauf à le voir envahi par les prédateurs de toutes sortes, humains et animaux. Si je veux utiliser mon temps à ma guise, c'est la même chose : je dois le protéger des importuns. Comment ? En le clôturant également, c'est-à-dire en le gérant[1]. Symétriquement, c'est parce que mon jardin est mien que je peux y inviter qui je veux, et que cette invitation a de la valeur et du sens. De même, si je gère bien mon temps, je peux en offrir la jouissance partagée à qui je veux – et à ce moment-là, la quantité compte moins que la qualité. Enfin, il arrive que des acteurs légitimes (l'État, l'abeille, l'être affamé sous certaines conditions, ceux qui bénéficient d'un droit de passage, tels les chasseurs) recourent à mon jardin (pour construire une route ; pour

1. C'est l'objet de la partie III de ce livre.

poursuivre un gibier; pour ses fleurs, ses légumes, son eau...); je suis alors obligé de les laisser entrer.

Mon temps est lui aussi constellé d'intersections, de « carrefours » que traversent mes semblables et où règne parfois une autre loi que la mienne – car le temps est aussi une réalité sociale, le substrat d'une co-temporalité. Cette co-temporalité fonde notre dignité commune[1]; mais elle est aussi un terrain d'affrontements et de négociation.

À l'échelle collective, différentes temporalités se croisent, dont participe – et dépend – la temporalité de nos propres existences particulières. En tant que citoyens, gouvernés et/mais électeurs, si nous ne sommes pas satisfaits de nos gouvernants, nous n'en devons pas moins attendre la prochaine élection pour exprimer ce mécontentement et, le cas échéant, demander leur départ – sachant que ce souhait entrera certainement en conflit avec le souhait contraire, auquel cas il faudra en débattre démocratiquement. C'est le temps institutionnel, auquel nul ne peut se soustraire, sauf à verser dans la sédition. Parfois, cependant, la temporalité électorale normale est défiée : « Dix ans, ça suffit ! » disaient les émeutiers de Mai 68, alors que le mandat du général de Gaulle devait durer encore quatre ans, tout comme celui des députés[2]. Compte tenu des circonstances, mais conformément à l'ordre constitutionnel, l'assemblée a été dissoute et de nouvelles élections législatives se sont tenues le mois suivant, en juin 1968 – remportées d'ailleurs par les opposants au slogan « Dix ans, ça suffit ! »... Quant à la présidence, on peut estimer qu'elle a

1. Et inversement, le « déni » de cette co-temporalité, selon les termes de l'anthropologue Johannes Fabian, peut conduire à la discrimination (voir Johannes Fabian, *Le temps et les autres. Comment l'anthropologie construit son objet*, Marseille, Anacharsis, 2006).

2. Les élections législatives s'étaient tenues l'année précédente.

été remise en jeu à travers le référendum d'avril 1969, perdu par De Gaulle, qui en a conclu qu'il devait démissionner. Mais le temps institutionnel a repris son cours normal.

Électeurs, les citoyens sont aussi des contribuables – tous les ans, ils doivent s'acquitter de leurs impôts ; des usagers – et ils dépendent de la temporalité des services publics, dans les transports, à l'hôpital, à l'école (que l'on songe par exemple au calendrier scolaire), etc. ; des justiciables – le « temps de la justice » peut alors paraître interminable, aussi bien pour les plaignants qui attendent une instruction ou un verdict, que pour les condamnés qui doivent purger une peine de prison. Quant aux gouvernants, dont le temps est (ou devrait être) celui de l'action, ils doivent compter, voire composer, avec le temps médiatique et le temps de l'opinion, dans l'élaboration comme dans l'exécution de leurs initiatives et décisions. Ainsi, certaines d'entre elles seront-elles ralenties, d'autres accélérées.

Je me souviens par exemple de négociations que j'ai eues à suivre de près il y a quelques années, impliquant trois membres éminents du gouvernement français. Le sujet était politiquement sensible puisque le résultat de ces négociations était susceptible d'impacter le portefeuille de plusieurs millions de personnes ; aussi, non seulement les ministres en question souhaitaient parvenir à un accord qui fût le plus favorable possible aux citoyens, mais ils rivalisaient pour le bénéfice politique à en tirer : qui apparaîtrait comme le meilleur défenseur du pouvoir d'achat des Français ? La dernière phase des discussions était ouverte ; un accord semblait en vue mais nul ne savait à quel moment il pourrait être rendu public. Chacun des trois ministres fourbissait ses armes, en espérant que le temps politique serait en phase avec le temps médiatique. L'un d'eux comptait sur une interview dans la matinale d'une grande radio le mardi ; l'autre sur une conférence de presse à la suite du conseil des ministres le mercredi ; le troisième misait sur un discours public devant une fédération professionnelle le jeudi. Finalement, pour des raisons qui tiennent à la fois au hasard, à la complexité technique du dossier et à l'habileté du ministre en question, c'est à ce dernier que revint l'opportunité de révéler la conclusion de l'accord.

On le voit, il y a une spécificité temporelle de l'action politique, dont l'État, en particulier lorsqu'il est très ancien comme en France, est souvent le métronome. Elle se traduit par une certaine lenteur, celle des mastodontes, des paquebots et des éléphants, dont on peut pousser les feux ou qu'on peut aiguillonner, certes, avec hardiesse le cas échéant, mais toujours avec prudence, de peur que le remède soit pire que le mal. C'est ce que préconise le haut fonctionnaire et homme d'affaires Philippe Delmas : « L'État est le gardien des horloges, le pourvoyeur de la lenteur nécessaire, inaccessible aux marchés parce que contraire à la rapidité qui fait leur force. C'est ce sens de la lenteur qui permet d'empêcher que ne se déchire le tissu social au cours des mutations qui l'écartèlent[1]. » Le grand défi reste malgré tout de faire en sorte que la lenteur ne se mue pas en inertie, et que l'État ne devienne pas, pour reprendre les mots de Delmas, le maître des horloges... arrêtées.

La puissance publique doit aussi s'adapter à l'émergence de nouvelles temporalités individuelles et collectives.

1. Philippe Delmas, *Le maître des horloges. Modernité de l'action publique*, Paris, Odile Jacob, 1992.

C'est notamment le cas à l'échelon municipal. Plusieurs agglomérations à travers le monde (Paris, Ottawa, Shanghai, Milan) tentent ainsi de devenir des « villes du quart d'heure » où les habitants pourraient habiter, travailler, s'approvisionner, se soigner, s'éduquer et se divertir dans un même quartier, sans devoir marcher, prendre les transports en commun ou sa voiture pendant plus de quinze minutes. Cela dit, cette tendance n'est pas aisément conciliable avec les « temporalités plurielles » d'une société de moins en moins homogène dans son fonctionnement, ce dont témoignait il y a déjà près de vingt ans, l'élu local et sociologue Patrick Vassallo : « La fin du « temps industriel » s'est agglomérée à la dissociation des espaces uniques (on ne travaille plus forcément là où l'on vit), l'écartèlement des pratiques par l'intensification des mobilités, la multiplication des situations complexes (familles recomposées, doubles résidences, travail chez soi, etc). Ces désynchronisations sont devenues source de souffrances individuelles (« je n'arrête pas de courir »), collectives (embouteillages, détournement d'usages) et d'aggravation des inégalités[1]. »

À l'échelle individuelle, la « co-temporalité », pour poursuivre avec ce mot, se présente toujours sous la forme d'une rencontre, laquelle peut être féconde ou conflictuelle, voire les deux. Dans ma relation à autrui, le temps est un enjeu et un levier – et l'on retrouve bien les deux acceptions de la notion de ressource évoquées dans l'introduction de cette partie : le bien précieux, d'une part, et l'outil, d'autre part. Le temps peut ainsi contribuer à

1. Patrick Vassallo, « Ville et politiques temporelles », *Mouvements*, n° 39-40, 2005.

sublimer la rencontre, lui conférer une dimension extraordinaire, pour ne pas dire transcendante ; et il peut aussi devenir une pomme de discorde, un objet de convoitise, et même un champ de bataille.

Commençons par les aspects positifs. Il y a une vertu à travers laquelle le temps se fait le miroir et le réceptacle de la beauté des relations humaines, c'est la fidélité. Qu'elle implique l'amour ou l'amitié, qu'elle porte sur des personnes ou sur des idées, la fidélité se pèse au trébuchet du temps, et à lui seul. Or, puisque le temps échappe à tout le monde, puisque nul ne le contrôle, ni lui ni sa durée, ni l'empreinte laissée par la perception que tout un chacun peut en avoir, ni les événements plus ou moins aléatoires qui en constituent la trame, sur quoi repose la fidélité ? Sur la promesse, plus ou moins consciente, plus ou moins formelle, dont nous avons déjà évoqué ce qu'en dit Nietzsche, à savoir qu'elle est le propre de la *personne*. Cette promesse est forcément singulière ; elle définit un avant et un après, « elle tire sa force du fait d'établir un lien sensé entre le début et la fin d'une histoire », expliquent les théologiens jésuites Étienne Grieu et Alain Thomasset[1]. Et c'est parce qu'il intervertit deux modes du temps, à savoir la répétition et la durée, que Don Juan est l'antithèse de la fidélité. Avant d'être moral, le « problème Don Juan » est métaphysique : le séducteur (*se-duco* : celui qui conduit à lui) est capable de formuler une promesse, bien sûr, et d'y « croire » au moment où il la formule, dans une perspective performative déjà un peu suspecte, du

1. Étienne Grieu, Alain Thomasset, « La promesse à la source des relations interpersonnelles et sociales », *Revue d'éthique et de théologie morale*, vol. 236, 2005.

reste ; mais, pour toutes sortes de raisons, peut-être liées à l'angoisse du temps, il ne s'y tient pas.

La fidélité, c'est-à-dire la promesse dans le temps, constitue l'un des fondements du lien social, et ce, par le truchement de la responsabilité : « L'homme qui promet est aussi celui qui peut être tenu pour responsable, qui aura à tenir ses engagements et à rendre compte de la parole donnée, c'est l'homme de la conscience morale[1]. » Bien sûr, le rayonnement de cette conscience morale éprouvée dans le temps n'est pas réservé aux plus proches ; il peut (doit ?) s'étendre à tout être humain.

Dans un registre différent, je voudrais évoquer un autre aspect de la co-temporalité à l'échelle individuelle, en me fondant notamment sur mon expérience de père (et maintenant grand-père) de famille, imparfait, bien sûr, mais aussi impliqué que possible : la façon dont l'être humain devient adulte par l'appropriation progressive du temps, *son* temps, ou plutôt un temps dont il revendique l'usage et la possession face aux instances d'autorité légitimes, au premier rang desquels les parents. On sort de l'enfance à partir du moment où l'on commence à la situer « derrière », séparée, discontinue par rapport au « vierge, vivace et bel aujourd'hui » (Mallarmé). Elle n'est plus, à ce moment-là, un autre présent, mais un autre temps, une autre réalité temporelle. L'enfant prend alors conscience, précisément, que l'existence n'est pas que *présent*, mais qu'elle est aussi *passé* et *avenir* – bref, qu'elle s'inscrit dans le temps.

À cette prise de conscience succède, à l'adolescence, ce qu'on pourrait appeler une prise de pouvoir : l'adolescent veut exercer sa propre loi sur son temps ; il veut être, littéralement, autonome. C'est ce qu'explique le sociologue

1. *Ibid.*

Jocelyn Lachance : « Si l'enfance suppose la soumission du sujet aux horaires des parents et de l'institution scolaire, l'adolescence impose une redéfinition de cette subordination et elle suscite aussi un questionnement en profondeur des rythmes auxquels il se plie depuis sa naissance. Au sein de la famille, l'indépendance se révèle alors, entre autres, par la possibilité du jeune à se désynchroniser des horaires des parents, c'est-à-dire à personnaliser progressivement son propre rythme de vie[1]. »

L'autonomisation de l'adolescent par le truchement de la temporalité, si elle procède d'une dynamique ascendante, positive, n'en revêt pas moins une forme dialectique, voire conflictuelle. Elle est au fond un prélude au monde des adultes où le temps se négocie en permanence. Car nous sommes tous, vingt-quatre heures sur vingt-quatre et trois cent soixante-cinq jours par an, des *traders* de notre propre temps.

On peut aller jusqu'à dire qu'il existe une lutte pour le temps comme il existe une lutte pour la vie, mise en évidence par Charles Darwin (1809-1882) au XIXe siècle. Nous devons littéralement batailler pour préserver notre temps et la jouissance que nous souhaitons en retirer. Il nous faut en permanence lutter contre les chronophages, les « mangeurs de temps » dont nous sommes entourés. C'est le cas, en particulier, là où l'on a affaire à des individus que l'on n'a pas choisis, que les circonstances nous imposent et à qui l'on ne devrait accorder qu'une patience et une indulgence ordinaires. Au travail, par exemple, il n'est pas rare de devoir dire deux fois la même chose – déficit temporel de 100 %, donc – à un collaborateur

1. Jocelyn LACHANCE, « La temporalité : un matériel d'autonomie ? », *Adolescence*, vol. 291, 2011.

négligent ou distrait, sans parler des tâches qu'on finit par réaliser soi-même, faute de résultat à la hauteur. Il est certes aussi difficile de cultiver la « sobriété temporelle » que la « sobriété énergétique » ; mais, tout de même, certains donnent l'impression de considérer le temps comme une ressource éternelle. Est-ce parce que, comme le croit Sénèque, « c'est une chose incorporelle, et qui ne frappe point les yeux[1] » ? Si oui, c'est un bel exemple de court-termisme du quotidien !

Dans la catégorie des gaspilleurs de temps (le leur, le nôtre), on trouve les bavards, ceux qui ressassent les mêmes arguments, les mêmes critiques, les mêmes informations, ceux qui « dansent autour des problèmes » comme autour d'un totem, ceux qui préfèrent la posture à l'action. Certains vont jusqu'à empiéter sur le temps d'autrui sans s'annoncer ni s'excuser, ou de manière purement formelle (« Je peux te déranger ? ») sans même imaginer qu'on puisse être occupé. L'inverse est vrai, d'ailleurs : j'avoue être agacé quand on prend un rendez-vous téléphonique avec moi et que, à l'heure dite, on me demande si je suis disponible – encore heureux, puisque nous avons justement rendez-vous ! Il est vrai que cette précaution, parfois sincère, est encouragée par le comportement de certains collègues et/ou supérieurs, coutumiers des retards et des problèmes d'agenda.

D'où vient cette inclination à considérer le temps d'autrui comme un bien commun ? Pour certains, c'est un appel à l'aide ; pour d'autres, c'est de la goujaterie ; pour d'autres encore, c'est de l'égocentrisme plus ou moins conscient. Sénèque est sévère contre ces « voleurs de temps » ; mais il l'est aussi contre ceux qui se le laissent voler… « Je ne puis

1. SÉNÈQUE, *De la brièveté de la vie*, VIII, 1.

contenir ma surprise, écrit-il, quand je vois certaines gens demander aux autres leur temps, et ceux à qui on le demande se montrer si complaisants. Les uns et les autres ne s'occupent que de l'affaire pour laquelle on a demandé le temps ; mais le temps même, aucun n'y songe. On dirait que ce qu'on demande, ce qu'on accorde n'est rien ; on se joue de la chose la plus précieuse qui existe[1]. » C'est pourquoi, précise-t-il dans un autre texte, il est crucial de savoir s'entourer, quand on le peut : « Il faut bien choisir les hommes, et nous assurer qu'ils sont dignes que nous leur consacrions une partie de notre vie, et qu'ils profiteront de ce sacrifice de notre temps[2]. »

Combien de fois, à l'instar du philosophe romain, j'ai eu l'impression d'assister au spectacle navrant d'un individu qui jetait son temps sans même s'en rendre compte ! Parfois en effet, notre temps ne nous est pas disputé par autrui mais, par paresse, négligence, ignorance ou impuissance, nous le laissons nous-mêmes glisser à terre – et c'est là, alors, que d'autres le ramassent. Inutile de dire qu'il ne se récupère pas ! Cet abandon du temps, nous en sommes responsables. Nous n'agirions jamais ainsi avec l'argent. Ou *a fortiori* avec la vie elle-même – en dehors des personnes affectées de pulsions suicidaires, nul n'accepterait de perdre sa vie ; pourquoi, alors, accepte-t-on de perdre si souvent son temps ?

Cette question est d'autant plus vitale que le temps, dans les relations humaines, peut être une arme redoutable. C'est un outil du rapport de force et de positionnement social. On raconte qu'un ministre, dans les années 2000, faisait systématiquement attendre les personnes avec qui il avait

1. *Ibid.*
2. Sénèque, *De la tranquillité de l'âme*, VI.

rendez-vous, afin de marquer la différence de rang et de statut. Il poussait même l'audace – le vice ? – jusqu'à calibrer la durée du retard sur l'importance, réelle ou supposée, de l'invité : 10 minutes pour un homologue étranger, 20 minutes pour un parlementaire, 30 minutes pour un directeur d'administration… Loin de ces enfantillages, le temps est surtout un levier dans les négociations. Les plus grandes institutions de formation ont des départements consacrés au sujet où des experts conçoivent, testent et forment aux meilleures tactiques et stratégies de négociation, aussi bien pour la vie des affaires que pour les relations internationales.

L'une des plus réputées est le PON, Program On Negotiation, un consortium créé en 1983 sous l'égide de l'université de Harvard, du Massachusetts Institute of Technology, de la Tufts University et de la Brandeis University. Les artisans en furent les professeurs Roger Fisher et William Ury, que le président des États-Unis Jimmy Carter avait chargés de concevoir une méthode de négociation en vue des pourparlers de paix, en 1979, à Camp David, entre Israël et l'Égypte. C'est à cette occasion qu'ils avaient imaginé la *négociation raisonnée*, également connue sous le nom d'approche gagnant-gagnant. Elle repose sur quatre principes : dissocier les négociateurs des enjeux de la négociation ; concentrer celle-ci sur les intérêts structurels et non sur la position conjoncturelle de l'adversaire ; envisager des solutions permettant un bénéfice mutuel ; parvenir à des résultats objectifs et mesurables. Cette méthode a été présentée dans un livre, *Comment réussir une négociation*[1], vendu à plus de quinze millions d'exemplaires à travers le monde, et l'on estime

1. Éd. du Seuil, 1982.

qu'elle a inspiré des négociateurs aussi efficaces que le président colombien Juan Manuel Santos, récipiendaire du prix Nobel de la Paix pour avoir mis fin à la guérilla des FARC, le sénateur américain George Mitchell, cheville ouvrière de la réconciliation nord-irlandaise, ou Richard Holbrooke (1941-2010), ambassadeur des États-Unis auprès des Nations Unies et artisan des accords de Dayton qui ont mis fin à la guerre de Bosnie.

La littérature publiée par le PON sur le temps dans les négociations est considérable. Elle s'intéresse en particulier aux différentes manières d'envisager le temps selon les cultures : dans une discussion, il ne joue pas le même rôle selon qu'on est Français, Nigérian, Chinois ou Qatari. Les Occidentaux ont tendance à se focaliser sur le « temps de l'horloge », qui se mesure en heures et en minutes, tandis que les Moyen-Orientaux, par exemple, sont surtout sensibles au « temps de l'événement », c'est-à-dire celui qui correspond à la durée pour exécuter telle tâche ou parcourir telle distance. Les uns se montrent impatients face aux rites de la rencontre, fondamentaux pour les autres (comme pour les Chinois d'ailleurs).

En contexte occidental, le temps joue un rôle-clé lorsqu'approche la phase de conclusion – ou plutôt lorsqu'elle semble se dérober alors qu'elle devrait, en toute logique, advenir : le dernier grain du sablier devient alors un grain de sable dans la machine. Dans ces moments-là, il arrive que l'impatience et la frustration ne permettent plus une négociation rationnelle. L'un des moyens de sortir de la bonace, comme disent les marins, est, précisément, de suspendre le temps de la négociation, par une pause, dont la durée dépendra des enjeux. C'est l'occasion de faire le point, d'envisager la situation sous un autre angle, dans une autre lumière, avec, le cas échéant, les conseils d'un acteur extérieur au sujet traité. On peut aussi en profiter pour dresser la liste des objectifs déjà atteints : soit elle sera satisfaisante et les buts non atteints en seront relativisés ; soit elle décevra et il faudra peut-être chercher, derrière les difficultés de dernière minute et l'incapacité à conclure, un problème plus profond. Une autre tactique, si la négociation est enlisée et le temps gaspillé, est d'imposer une deadline pour conclure. Les recherches de Don A. Moore, l'un des experts du PON, montrent que c'est le meilleur moyen de débusquer et neutraliser les tactiques attentistes. C'est aussi l'occasion d'examiner précisément les concessions éventuelles et de stimuler la créativité.

Mais à mes yeux, le meilleur manuel pour apprendre comment optimiser l'usage du temps dans le cadre d'une négociation est… un roman ! Il s'agit d'un livre aujourd'hui oublié, bien qu'il ait obtenu le prix Goncourt en 1958, que l'on doit à Francis Walder et qui s'intitule *Saint-Germain ou la négociation*. Il raconte les discussions qui se sont tenues au château royal de Saint Germain en Laye en 1570 et ont permis de mettre fin à la troisième guerre de religion entre catholiques et protestants. L'auteur y établit une typologie des négociateurs – le diplomate habile, le militaire passionné, le courtisan raffiné, l'ambitieux impatient, la belle aventurière, etc. – et de les confronter à leurs donneurs d'ordre, c'est-à-dire les chefs des deux parties, en l'occurrence le duo formé par le roi de France Charles IX et sa mère Catherine de Médicis, d'un côté, et l'amiral de Coligny, chef huguenot, de l'autre. On peut affirmer, sans tomber dans l'artifice rhétorique, que le temps est le personnage principal de cette histoire. Francis Walder le fait dire d'ailleurs à Catherine de Médicis, lorsqu'est envisagée la conclusion de la négociation et que sont évoquées les concessions à faire : « Quand vous ne trouvez pas, Monsieur, tournez-vous vers le temps. Il apporte la solution à tous les problèmes[1]. »

À la lecture de ce livre, on comprend que le temps de la négociation revêt trois états : la durée, qui représente l'horizon où se tient l'objectif à atteindre, et qu'il faut toujours garder en tête ; le moment, qui doit être le bon, car c'est là qu'on décide et qu'on agit ; l'intervalle, qui relie un moment à un autre, et sur la durée duquel on joue, comme sur un instrument de musique, pour placer l'adversaire dans les dispositions propices. À quoi il faut ajouter que le temps lui-même peut être un enjeu de la discussion – ce qui est le cas ici, puisque l'un des objectifs principaux des pourparlers de Saint Germain était de choisir les villes dans lesquelles les protestants pourraient, de manière limitée, pratiquer leur culte, et pour combien de temps.

Le plus remarquable, peut-être, dans ce roman est le contraste entre la sophistication des techniques politiques et juridiques mobilisées pendant les discussions, et le détachement assumé des protagonistes. On en conclut à bon droit que les négociateurs sont vraiment des connaisseurs du temps : ils en savent la précarité, ils n'ignorent pas qu'on n'en dispose qu'en usufruit. Ainsi, au moment de faire le bilan de la négociation, le personnage principal n'est ni amer ni exalté, simplement lucide : « La paix fut signée [...] On en a dit beaucoup de mal. On a objecté qu'elle ne satisfaisait personne, et qu'à tout prendre elle ne dura que deux ans. C'étaient de vaines critiques. Avez-vous jamais entendu dire qu'un partage ait contenté les deux qui se disputaient ? Nécessairement, chacun y perd,

1. Francis Walder, *Saint-Germain ou la négociation*, Paris, Gallimard, 1958.

et n'est satisfait qu'à demi. Quant à l'extrême fragilité de ce pacte, elle était le signe de sa perfection. Il s'agissait d'accorder des adversaires dont aucun n'était battu, ni même défaillant. Seul un équilibre instable pouvait être créé entre ces deux forces égales – et encore, c'était jonglerie. Nous fîmes là du travail de dentelle diplomatique. Aucun traité de l'espèce n'a jamais duré. Ceux qui se prolongent sont ceux qu'un vainqueur impose à un vaincu. Ce sont les plus faciles. Ils durent le temps que le second se relève. Puis ils cessent de durer[1]. »

1. *Ibid.*

Troisième partie

LE TEMPS DU BONHEUR

Le temps est un mystère, mais un mystère à notre disposition, c'est-à-dire un mystère qui peut se transformer en ressource. Ne pas l'utiliser, c'est risquer la NLE.

De quoi s'agit-il ? On connaît la NDE (« *Near Death Experience* »), l'expérience de mort imminente. Ceux qui affirment l'avoir vécue disent avoir entrevu la mort, être « passés à côté ». La NLE (« *Near Life Experience* »), c'est l'envers de la NDE, c'est l'impression de passer ou d'être passé à côté de sa *vie*. Elle se caractérise par un sentiment de décalage et d'insatisfaction permanents – quelque chose manque, on ne vit pas pleinement, on peine à parvenir à l'accomplissement espéré[1]. L'actuel essor du développement personnel, avec ses coachs, ses méthodes, ses manuels, pas toujours bien intentionnés, est une tentative de réponse à cette frustration.

Ma conviction, c'est qu'une gestion du temps efficace permet de conjurer le risque de NLE. On ne passe pas à côté de sa vie quand on gère bien son temps. Bien gérer son temps, c'est le gérer de manière lucide, libre et utile : lucide, en se connaissant soi-même, ses aspirations et ses moyens ; libre, en contrôlant son agenda plutôt qu'en se laissant contrôler par lui ; utile, en donnant du sens à son action.

Lorsque je travaillais, au début de ma carrière, à la direction départementale de l'équipement d'Ile-et-Vilaine,

1. voir Max Strom, *There Is No App for Happiness : How to Avoid a Near-Life Experience*, Skyhorse, 2013.

on m'avait sollicité pour donner une formation sur ce thème, justement, de la gestion du temps. J'avais couché quelques notes par écrit, et demandé à mon assistante de les mettre au propre à l'ordinateur. Elle avait eu un peu de mal à les déchiffrer et, au lieu d'intituler son document « Pourquoi gérer son temps ? », elle avait écrit « Pourquoi *jeter* son temps ? » ! Involontairement, à travers cette méprise, elle avait tout résumé : quand on ne gère pas son temps, on le jette.

Mais gérer son temps, cela s'apprend. Quand mes enfants étaient en âge scolaire, je me demandais à chaque rentrée si l'un d'eux reviendrait un soir en m'annonçant qu'on allait lui apprendre à gérer son temps. Peine perdue… C'est pourtant essentiel ! Savoir organiser sa journée est sans doute l'une des compétences les plus précieuses qui soient, et ce, pour tous les volets de l'existence, le personnel comme le professionnel. Car, au fond, quel est l'enjeu ? Rien de moins que le bonheur. C'est un mot galvaudé, peut-être, mais je n'en trouve guère de plus adéquat, dans sa simplicité et sa profondeur. Bonheur, contrairement à ce que laisse supposer l'orthographe, ne vient pas du mot « heure » – le bonheur, ce ne sont pas les « bonnes heures » –, ce qui m'aurait permis un jeu de mots facile sur le thème du temps… Bonheur vient du latin « augur », lequel évoque la fatalité, le destin et ses signes (supposés), le passé sibyllin et l'avenir déjà écrit.

Voici comment j'interprète cette étymologie : le bonheur, le *bon augure* consiste justement à reprendre la main sur le destin, à déjouer les prédictions nébuleuses et à être « sire de soi », comme disent les Normands. C'est la grande leçon d'un philosophe[1] dont j'aime la sagesse, Alain – ses

1. Normand, d'ailleurs.

Propos sur le bonheur furent le premier volume de la Pléiade que mon père m'offrit quand j'étais étudiant : « Nous voudrions voir une fatalité dans ces choix que nous trouvons faits et que nous n'avons pas faits ; mais ces choix ne nous engagent point » J'irais même plus loin : ce qui m'engage, pour reprendre le verbe d'Alain, et ce qui engage mon bonheur, ce sont les choix que je fais, les actes que je pose, lesquels peuvent contrebalancer le poids des événements subis.

Comment faire ? À l'aide du temps – en « remplissant » le temps de tout ce que ma liberté m'incite à entreprendre. Alain le dit, à sa manière : « Ce que je vois de beau dans un Michel-Ange c'est ce vouloir fougueux qui reprend en main les dons naturels, et fait d'une vie facile une vie difficile. Cet homme sans complaisance avait les cheveux tout blancs quand il allait, disait-il, à l'école, afin d'essayer d'apprendre quelque chose. Cela montre aux irrésolus qu'il est toujours temps de vouloir[1]. » Il est toujours temps de vouloir – autrement dit, il est toujours temps de gérer son temps.

1. Alain, *Propos sur le bonheur.*

9.

LE TEMPS DE VIVRE ET D'AGIR

Ayant suivi toute ma scolarité secondaire au Luxembourg, je parlais couramment allemand lorsque j'ai passé mon bac. Aujourd'hui, même si je n'ai plus beaucoup l'occasion de la pratiquer, je reste attaché à cette langue dont j'aime à la fois la précision et la plasticité. Je me souviens avoir été intrigué, élève, par le fait que l'allemand dispose de deux mots pour traduire le français « présent[1] » : « das Anwesende » et « das Gegenwärtige ». Il m'a fallu attendre quelques années pour être éclairé sur la signification, et surtout les possibilités d'interprétation, de ce « doublon ».

Je suis un jour tombé, au hasard de mes lectures, sur un texte de Martin Heidegger (1889-1976) intitulé *La parole d'Anaximandre*[2]. Heidegger a publié, en 1927, un monument de l'histoire de la philosophie consacré aux rapports entre *Être et temps.* Sa pensée, et c'est notoire, est particulièrement complexe pour ne pas dire ésotérique. Aussi, n'étant pas philosophe de formation, je ne prétends pas avoir tout compris aux pages denses, émaillées de néologismes et de références au corpus antique grec de *La parole d'Anaximandre*.

1. Tout ce qui concerne le temps m'intéressait déjà !
2. Martin HEIDEGGER, « La parole d'Anaximandre », *Chemins qui ne mènent nulle part*, Paris, Gallimard, 1987.

Mais j'en retiens un aspect dont je souhaite parler en tête de ce chapitre sur le temps, l'existence et l'action : pour Heidegger, il existe un premier présent *das Gegenwärtige*, qu'il appelle la « contrée du dévoilement » – « dévoilement » renvoyant au mot grec *aletheia*[1] qu'on traduit aussi par « vérité » – et un deuxième présent *das Anwesende* qui n'appartient pas à cette « contrée du dévoilement » mais s'en approche – c'est le futur – ou s'en éloigne – c'est le passé. Marlène Zarader, éminente spécialiste de Heidegger vers laquelle je me suis tourné pour tenter d'entrer dans la pensée de ce dernier, explique les choses ainsi : « C'est à partir de la contrée du dévoilement, et d'elle seule, qu'il est possible de penser ce qui, sans être « présentement » dans le dévoilement, ne se définit pourtant que par rapport à lui, à savoir les autres modes du présent : l'étant futur et l'étant passé[2] ». Cette « envergure » du présent, avec ses trois modes, me rappelle bien sûr la définition d'Augustin[3], auteur que Heidegger connaissait sur le bout des doigts : le présent du présent, le présent du passé et le présent du futur.

Heidegger poursuit en expliquant que le présent, « qui séjourne transitoirement », est en quelque sorte voué à l'absence – puisque le passé n'est plus et le futur n'est pas encore – mais qu'il « s'insurge » pour durer : « Le séjour qui ne démord pas de son jour est l'insurrection dans la pure et simple durée. Au sein même de la présence [...] se soulève la persistance. Par cette insubordination du séjour, le séjournant transitoire insiste sur sa

1. Étymologiquement « enlèvement de l'oubli », a-lethe, Léthé étant une figure de l'oubli dans la mythologie grecque.

2. Marlène ZARADER, *Heidegger et les paroles de l'origine*, Paris, Vrin, 1986.

3. Voir chap. 3.

persistance[1]. » À nouveau, même si le système heideggérien m'échappe largement, dans son extrême cohérence et sa portée spéculative vertigineuse, je ne puis qu'être frappé par des phrases comme celle-ci. Pourquoi ? Parce qu'elles expriment, à mes yeux, la puissance du temps comme ressource, une ressource qui ne va pas de soi, qu'il faut *décider* d'exploiter, parfois contre vents et marées, en retroussant ses manches et en y plongeant les mains.

Le présent d'Augustin et Heidegger ne se résume pas à « l'instant présent » des méthodes de développement personnel un peu simplistes, lesquelles vont jusqu'à préconiser de « brûler le passé et le futur au bûcher[2] ». Il inclut au contraire le passé (c'est-à-dire l'expérience, le savoir, la sagesse) et le futur (c'est-à-dire les projets, les rêves, les ambitions) ; c'est un présent « grand-angle », pareil à une source de vie, une mine d'or, la voie privilégiée, sinon la seule, vers le bonheur. Dans l'un de ses *Propos*, Alain plaint les dieux capables d'abolir le temps et l'espace. Le temps et l'espace sont en effet comme les ondes sur la ligne de base de l'électrocardiogramme, lesquelles attestent que le cœur bat encore : « Le bonheur suppose [...] toujours quelque inquiétude, quelque passion, une pointe de douleur qui nous éveille à nous-même[3]. » Le passé et le futur sont pleins d'inquiétudes et de passions, et le temps qui passe est une sacrée pointe de douleur !

La conscience du temps (c'est-à-dire du temps qui passe) est inséparable de la conscience tout court. L'instant présent, dit Gaston Bachelard (1884-1962), « est

1. Martin Heidegger, « La parole d'Anaximandre ».
2. Il s'agit d'un vers du poète persan Rumi (1207-1273), cité et interprété littéralement par Eckart Tolle dans *Le pouvoir du moment présent*, Saint-Sauveur, Ariane Éditions, 2000.
3. Alain, *Propos sur le bonheur*.

le seul domaine où la réalité s'éprouve[1] », à commencer par la réalité (de ce) que *je suis*. Ce faisant, la conscience du temps semble être le propre de l'homme. Prudemment, j'utilise le verbe « sembler » car, après tout, les animaux, eux aussi, donnent parfois l'impression d'avoir une certaine « expérience » du temps. Quand il guette sa proie, le guépard n'a-t-il pas une sorte de « conscience » du temps qui le sépare encore de son festin, conscience prodiguée par la sensation de son estomac vide ? Quant au chien, non seulement il « sait » quand arrive l'heure de sa pâtée, mais il réagit, par exemple, au retour du travail de son maître, comme s'il avait « conscience » de l'alternance absence/présence, ou avant/après, laquelle n'est pas sans rappeler la définition du temps que donne Aristote – mais cela suffit-il pour en conclure qu'il serait doué d'une « conscience du temps » ? Ou bien cela prouve-t-il simplement qu'il est soumis à une temporalité de ses instincts, manifestation de son « âme végétative » ?

Le philosophe et biologiste allemand Jakob von Uexküll (1864-1944), dont Heidegger admirait les écrits, prétendait qu'à chaque espèce correspond un *Umwelt*, un environnement porteur de sens, et qu'au sein de ces *Umwelten*, les animaux sont des « sujets indépendants », « capables de véritables actes » et même de « douleur morale[2] ». Or, à chaque *Umwelt* correspond une temporalité dont l'animal aurait, selon Uexküll, une sorte d'intuition. Il recourt d'ailleurs, pour en rendre compte, à l'observation du cycle de vie des tiques, et à des expériences de stimulation réalisées sur des poissons combattants et des escargots.

1. Gaston Bachelard, *L'intuition de l'instant*, Paris, Gonthier, 1932.
2. Jakob von Uexküll, *Mondes animaux et monde humain*, Paris, Denoël, 1965.

Une telle approche, qui mêle science et philosophie, observation et intuition, me fait d'emblée penser au cheval. On sait le lien particulier et incomparable qui unit l'être humain à cet animal, sa « plus noble conquête », si l'on en croit Buffon. Petit-fils d'un directeur de haras, j'ai passé une partie des vacances scolaires de mon enfance entre les boxes, les carrières, les pâtures – et bien sûr les pistes. Le saut d'obstacles, en particulier, m'a toujours fasciné. C'est le seul sport[1] qui se pratique avec un animal – et Dieu sait que, pour réussir un parcours, les deux doivent évoluer en parfaite intelligence. J'applique ce mot, « intelligence », à l'un et à l'autre, avec précaution, mais à dessein : quand on examine un cavalier et sa monture pendant une épreuve, notamment dans ce qu'on appelle l'abord, à l'approche de l'obstacle, on se demande en effet si le cheval n'a pas sa propre appréciation du saut à accomplir, en fonction du type d'obstacle (vertical avec barrière, haie, mur, ou horizontal avec oxer, rivière, spa, butte). Dans ces moments-là, on comprend que le cheval n'est pas qu'une machine, comme aurait dit Descartes, et que lui aussi « sent » ce qui l'environne – l'espace, à tout le moins, ce qui conduit forcément à s'interroger sur sa perception du temps.

Cela dit, les thèses d'Uexküll me convainquent moins que l'explication donnée par Aristote et ses disciples depuis plus de deux mille trois cents ans, à savoir que seuls les hommes sont dotés d'une âme intellective, et donc d'une conscience, et donc d'une conscience du

1. En réalité, il s'agit d'une discipline, qui, avec le dressage et le cross-country, constituent les sports équestres classiques, reconnus comme sport olympique depuis 1912. D'autres activités se rapprochent du sport, tels la corrida, le rodéo ou les courses d'animaux de selle (ânes, chameaux, dromadaires, buffles, éléphants).

temps. Car ce dont la tique, l'escargot, le poisson combattant et même le cheval, dont je viens de parler, ou encore le chien et le dauphin, animaux parfois qualifiés d'intelligents, semblent irrémédiablement privés, c'est la capacité à se projeter – mieux : le goût et le besoin de le faire – et à s'emparer du temps, mentalement, intellectuellement, comme d'une ressource à exploiter, une ressource dont l'exploitation s'imagine, se programme, puis s'accomplit. Se projeter vers l'avenir, à partir d'une conscience du présent, riches des enseignements du passé. Et puisque nous sommes dans le registre animal, je ne résiste pas au plaisir de citer Jacques Maritain (1882-1973), qui décrit ainsi ce « propre de l'homme » : « Nous savons qu'un trait essentiel d'une civilisation digne de ce nom, est le sens et le respect de la dignité de la personne humaine [...] Que désignons-nous au juste, quand nous parlons de la personne humaine ? Quand nous disons qu'un homme est une personne, nous ne voulons pas dire seulement qu'il est un individu comme un atome, une tige de blé, une mouche ou un éléphant est un individu. L'homme est un individu qui se tient lui-même en main par l'intelligence et la volonté ; il n'existe pas seulement d'une façon physique, il *surexiste* spirituellement en connaissance et en amour, de telle sorte qu'il est en quelque manière un univers à soi-même, un microcosme, dans lequel le grand univers tout entier peut être contenu par la connaissance, et qui par l'amour peut se donner tout entier à des êtres qui sont à lui comme d'autres lui-même – relation dont il est impossible de trouver l'équivalent dans le monde physique[1]. »

1. Jacques MARITAIN, *Principes d'une politique humaniste*, Paris, Hartmann, 1945.

S'il y a bien une chose dont ma vie et ma carrière m'ont persuadé, c'est que cette « surexistence » passe par l'action. Tel est aussi, sur le plan théorique, l'enseignement fondamental d'un aîné de Maritain, Maurice Blondel, déjà rencontré[1]. Au cœur de la pensée de Blondel sur l'action se trouve la volonté. L'homme n'a pas le choix de ne pas vouloir ; ne rien vouloir, c'est encore vouloir – une détermination qui peut d'ailleurs paraître tyrannique et angoissante[2]. Pour Blondel, même derrière les activités en apparence inutiles ou dérisoires – qui correspondent en somme au « divertissement » dont parle Pascal – on peut déceler ce qu'il appelle « l'infinie tendance de la volonté » : « l'action la plus vaine est à tout le moins pour la volonté une occasion d'éprouver son indestructible puissance[3]. »

Cette « indestructible puissance » de la volonté porte un nom : la persévérance. Chez Spinoza, le *conatus* désigne la persévérance dans l'être, laquelle ne saurait, par définition, être limitée dans le temps – c'est au contraire une sorte d'aspiration au « temps indéfini[4] », à l'éternité. Chez Nietzsche aussi, d'ailleurs, pour qui la valeur de l'homme s'étiole à mesure qu'il perd son envie d'échapper au temps : « La valeur d'un peuple – comme du reste d'un homme – ne se mesure précisément qu'à sa capacité d'imprimer à sa vie le sceau de l'éternité : car c'est ainsi, si l'on peut dire, qu'il se désécularise et témoigne de sa foi inconsciente et profonde dans la relativité du temps et la signification véritable, c'est-à-dire métaphysique, de la vie[5]. » Dans la persévérance, me

1. Voir chap. 6.
2. « La volonté ne semble pas s'être voulue elle-même » dit Blondel, *L'action*, Paris, PUF, 1893.
3. *Ibid.*
4. Baruch Spinoza, *L'éthique*, III, 8, 1677.
5. Friedrich Nietzsche, *La Naissance de la Tragédie*, 1872.

semble-t-il, rien de tel. Au contraire, le sens profond de la persévérance d'un être humain réside dans sa disposition à assumer le « poids du temps », en l'avisant bien en face, le passé avec ses éventuels échecs, le futur avec ses succès espérés, le présent avec sa force.

Cette persévérance, c'est-à-dire ce rapport au temps qui ne se paie pas de mots, je la retrouve dans le parcours d'un grand sportif, Steven Bradbury. Ce patineur de vitesse sur glace australien, né en 1973, a noué avec les Jeux olympiques une histoire douloureuse et glorieuse longue de dix ans. Sportif prometteur mais encore « vert », il n'est que remplaçant aux Jeux de 1992, à Albertville, au cours desquels son équipe, victime d'une chute, est éliminée avant la finale. Le jeune homme continue à s'entraîner avec constance et à croire en sa bonne étoile. Deux ans plus tard, il participe à nouveau aux JO – fait exceptionnel, puisque, pour permettre l'alternance bisannuelle Jeux d'hiver / Jeux d'été, les Jeux de Lillehammer, en Norvège, ont lieu, non pas en 1996, mais en 1994. Hélas, il est emporté dans une chute collective et échoue à nouveau. L'année suivante, au cours d'une compétition à Montréal, il subit un accident rarissime qui aurait pu lui coûter la vie : la lame d'un autre patineur lui sectionne la jambe et il perd plusieurs litres de sang. Exemplaire d'opiniâtreté pendant sa longue convalescence, il reprend l'entraînement aussi vite que possible, mais ne réussit pas à revenir au niveau pour les JO de 1998, à Nagano, aux États-Unis. Il n'est pas qualifié et doit se contenter de les regarder à la télévision… La majorité d'entre nous, sans doute, aurait jeté l'éponge. Pas Steven Bradbury. Chaque jour, il se rend sur la glace et enchaîne les kilomètres. Nouvelle infortune, en 2000 : il se brise deux vertèbres et les médecins lui interdisent de patiner. Mais il passe outre et reprend l'entraînement en vue des JO suivants : l'angoisse d'une nouvelle chute s'efface devant la perspective frustrante d'être à nouveau absent de ce rendez-vous du sport mondial. On est en 2002, le voilà donc en route pour Salt Lake City, aux États-Unis. Ses premières prestations sont assez médiocres. En quart de finale, il est virtuellement éliminé, jusqu'à ce qu'un de ses concurrents soit disqualifié ; repêché, il est à nouveau au bord de l'élimination en demi-finale, lorsque deux de ses adversaires se percutent, lui ouvrant la voie de la finale. Deux « coups de chance » – qui peut croire à un troisième ? C'est pourtant ce qui se produit : en finale, les deux patineurs qui font la course en tête dans un mouchoir de poche se télescopent, entraînant les deux suivants, très rapprochés également. Steven Bradbury, cinquième du peloton, mais à bonne distance pour éviter d'être entraîné dans une chute éventuelle, devient champion olympique. Par hasard ? Peut-être mais, selon les mots de Louis Pasteur, « le hasard ne favorise que les esprits préparés ». Et l'esprit, c'est bien ce dont il est question ici : Steven Bradbury n'est pas un athlète exceptionnel du fait de ses performances physiques, mais en raison de son extraordinaire persévérance, fruit d'un rapport au temps tramé d'humilité. Le titre de son autobiographie, *The Last Man Standing*[1], est à la fois une référence à son ultime course olympique et à sa formidable éthique personnelle : toujours se relever.

Se relever ? Oui, c'est-à-dire non seulement recommencer, mais commencer à nouveau. Non pas au sens de remettre les compteurs à zéro, mais à la façon dont le père Carré (1908-2004), aumônier des artistes dans les

1. Le dernier homme debout.

années 1950-1960 et membre de l'Académie française, disait : « Chaque jour je commence », phrase qu'il avait donnée comme titre à ses mémoires[1] et qui reflète cette disposition psychologique et spirituelle si féconde, qui consiste à accueillir au quotidien, avec émerveillement et reconnaissance, le don de la vie toujours renouvelé. C'est sur une intuition semblable que reposent les travaux de la philosophe Hannah Arendt (1906-1975) sur la *Condition de l'homme moderne*[2], l'une de ses œuvres maîtresses. Après avoir identifié trois types d'activités humaines (le travail, l'œuvre et l'action), Arendt montre que cette dernière, l'action, ne peut s'envisager qu'en rapport avec le temps dont elle brise la permanence en modifiant le réel. *Agir* signifie toujours *commencer* car l'action « est le plus étroitement liée à la condition humaine de natalité ». Cette « natalité » ne renvoie pas à la notion démographique que l'on rencontre habituellement : la natalité, pour Arendt, c'est le fait de naître, avec tout ce qu'un tel événement représente sur le plan philosophique, le fait qu'il n'y a pas d'homme, et pas de condition humaine, sans *naissance*, c'est-à-dire « la venue d'une créature neuve qui fait son apparition au milieu du continu temporel en tant que quelque chose d'entièrement nouveau[3] ». D'une certaine manière, à chaque naissance, un/le temps commence. Le nouveau venu, l'enfant, rompt tous les cycles, réinaugure l'histoire, et assure la pluralité. Il y a, « inhérent à la naissance », un commencement lié au fait que « le nouveau

1. Ambroise-Marie Carré op, *Chaque jour je commence*, Paris, Éd. du Cerf, 1993.

2. Hannah Arendt, *Condition de l'homme moderne*, Paris, Calmann-Lévy, 1961.

3. Hannah Arendt, *La vie de l'esprit*, Paris, PUF, 2000.

venu possède la faculté d'entreprendre du neuf, c'est-à-dire d'agir[1]. ».

Revenons un instant à Blondel. Pour lui, non seulement l'impact de l'action est indélébile dans le temps et dans l'espace, mais chaque action vraiment voulue possède une portée infinie : « Quelques longues que paraissent les suites des actions humaines, il y a, dans l'unique et indivisible instant qui les a produites, de quoi justifier non plus seulement toutes leurs conséquences dans la durée, mais infiniment au-delà. Si ces actes [...] ne tiennent pas tout entiers dans le point du lieu et du temps où ils naissent, et s'ils semblent parfois grossis par l'ample écho du monde, ce n'est donc encore qu'une image incomplète de leur invisible extension. Et cette grandeur surprenante de leurs contrecoups est comme un salutaire avertissement qui, par un symbole visible, éveille parfois brutalement la réflexion, en nous révélant ce que nous savons déjà, mais ce que nous oublions toujours, l'immense portée de l'action volontaire[2]. »

Si l'on suit Blondel, on comprend pourquoi l'ambition, c'est-à-dire la résolution à donner le maximum de soi pour atteindre les objectifs que l'on s'est fixés, lesquels varient forcément selon les personnes – l'ambition donc est, plus que saine, tout à fait *décisive*. Car l'ambition est l'expression, au niveau individuel, de la « grandeur » dont parle Blondel, et qui est une grandeur proprement métaphysique. C'est ce qu'il appelle « se vouloir soi-même », qu'il qualifie d'« ambition nécessaire[3] ». Lorsque je suis arrivé à la tête d'AG2R La Mondiale, j'ai décidé de faire de

1. Hannah Arendt, *Condition de l'homme moderne*, Paris, Calmann-Lévy, 1961.
2. Maurice Blondel, *L'action*.
3. *Ibid.*

l'ambition l'un des 15 principes de management. Cette ambition, elle doit être partagée, dans une exigence de confiance mutuelle. Poursuivre une ambition commune, en tant que collectif, c'est écrire et s'inscrire dans la même histoire, être pleinement acteurs, et coresponsables, d'une aventure menée à plusieurs, en groupe, avec tout ce que cela comporte d'avantages et d'inconvénients. Cette histoire suit un rythme qui devient *notre* rythme, cette ambition – qui est comme l'œil de l'archer sur la cible – est portée par un temps qui devient *notre* temps : nous faisons, ensemble, le pari de pouvoir prendre la main sur le temps[1] et de le mettre au service des objectifs de l'entreprise.

À la fin de *L'action*, Blondel parvient à cette conclusion superbe, en forme d'ode à la noblesse de l'être humain : « La personne humaine semble passer, mais ses actes sont au-delà de ce qui passe. Et ainsi, sans cesser de toucher aux rives du temps, l'homme use et jouit de l'éternité en même temps que du renouvellement perpétuel de la durée : du point dans lequel il semble borné afin de rester un individu distinct, il use et jouit de l'universalité en même temps que de la singularité de sa vie personnelle[2]. »

C'est sans doute cet aspect transcendantal de l'action (Blondel la qualifie ainsi) qui a poussé tant de bienfaiteurs de l'humanité à « se dépenser sans compter » – en réalité, même si cette expression est belle et éloquente[3], elle n'est pas adéquate, car ces hommes et ces femmes ont au

1. « Prendre la main sur demain » est d'ailleurs l'un des slogans du groupe AG2R La Mondiale.

2. Maurice Blondel, *L'action*.

3. Elle fait écho à la phrase de saint Bernard de Clairvaux (1090-1153) dans son *Traité de l'amour de Dieu* : « La mesure de l'amour, c'est d'aimer sans mesure ».

contraire su « compter » leur temps, c'est-à-dire le gérer afin de l'allouer au mieux et pouvoir ainsi maximiser leur bienfait envers autrui. On raconte que, sur son lit de mort, Vincent de Paul, le protecteur des pauvres de Paris, se trouvait dans un état de grande tristesse. Sa protectrice, Anne d'Autriche, veuve de Louis XIII et mère de Louis XIV, vint lui rendre visite. « Pourquoi cette affliction, Monsieur ? » lui demanda-t-elle. « Je meurs en ayant fait si peu… » La reine se récria : « Oh ! Monsieur, vous avez tant fait, vous n'avez pensé qu'à donner, vous avez rempli vos jours de bonnes œuvres, vous avez secouru tant de pauvres et de malades ! » Le mourant protesta : « Ah ! Au fond, je n'ai rien fait… » La reine lui répondit : « Mais, Monsieur, que faut-il faire, alors, dans une vie, pour *faire quelque chose* ? » Et Vincent de Paul de répondre : « *Davantage*, Madame, *davantage…* » Ainsi, gagner une seconde, un jour ou une année n'est jamais neutre quand on sait que tout peut s'arrêter dans une seconde, un jour ou une année. *Memento mori*.

Le caractère social du temps, dont nous avons vu les aspects contraignants[1], est donc aussi ce qui permet de donner du sens à certains usages du temps, ceux dont la portée dépasse la seule existence individuelle. À la base du service d'autrui, quelle qu'en soit la forme, il y a le partage, et même le *don*[2] du temps. Par exemple, le temps que

1. Voir chap. 8 et 9.

2. Le don, lui-même, implique la notion de temps, même lorsqu'il ne s'agit pas de « don de temps ». Selon Jacques Derrida, par exemple, tout ce qui est « donné » doit en quelque sorte tomber dans l'oubli du « donneur » : « Pour qu'il y ait événement (nous ne disons pas acte) de don, il faut que quelque chose arrive, en un instant, un instant qui (…) n'appartient pas à l'économie du temps, dans un temps sans temps, de telle sorte que *l'oubli oublie*. » dans *Donner le temps*, Paris, Galilée, 1991.

je passe au travail pour subvenir aux besoins de ma famille, c'est, indirectement, du temps que je donne à ma famille. Ce don est parfois plus direct : le temps que je consacre à un engagement associatif dont je n'attends et ne retire rien de matériel, c'est du temps que je donne – ou que je rends[1] – à la collectivité. L'utilité de ce temps est d'un autre ordre que la satisfaction de mes besoins individuels, parfois égoïstes.

Les liens de fécondité qui existent entre temps et bien commun (ou intérêt général) sont d'ailleurs aujourd'hui reconnus socialement. Ainsi, le code du travail permet désormais le don de temps de congé au sein des entreprises. Ce droit est issu de la « loi Mathys » de 2014, adoptée après que le père du jeune Mathys, malade du cancer, avait reçu de ses collègues 170 jours de réduction du temps de travail pour pouvoir s'occuper de son fils. De même, le droit prévoit tout un ensemble de mesures facilitant l'allocation de temps, notamment professionnel, à des activités relevant du bien commun : le « congé d'engagement associatif », créé en 2017 permettant aux dirigeants et responsables d'associations de demander 6 journées de congé par an ; le congé de représentation, grâce auquel, 9 jours par an, un salarié peut siéger dans une commission publique au titre d'une association dont il est membre ; le congé de solidarité internationale, pour participer à une mission de plusieurs mois avec une ONG sans que le contrat de travail soit rompu, etc. Et on pourrait même aller plus loin en évoquant les TIG, les Travaux d'Intérêt Général. S'ils constituent une peine, à l'instar de l'emprisonnement[2], et n'ont donc rien de volontaire, leur principe

1. Ce qui suggère une sorte de « dette de temps », voir chap. 5.
2. Voir chap. 8.

est pourtant de contribuer directement au bien commun, par l'obligation d'y consacrer un temps précis.

Au fond, le temps, c'est de la vie. De la vie vécue, de la vie donnée, en tout cas de la vie qui est tout sauf du vide, du néant. Au contraire, une telle « vie en plénitude », utile et ouverte aux autres, dépasse, non seulement la durée qu'elle couvre, mais le temps qu'elle représente : elle transcende passé, présent et futur. On cite souvent cette traduction approximative d'une phrase de Sénèque dans ses *Lettres à Lucilius* : « L'essentiel est l'emploi de sa vie, non sa durée ». Mais, à mon avis, c'est à l'ensemble du passage, certes un peu long, qu'il faut se référer si l'on veut en savourer toute la sagesse : « Faisons en sorte qu'à l'instar des métaux précieux notre vie gagne non en volume, mais en valeur. Mesurons-la par ses œuvres, non par sa durée. [...] Louons donc et plaçons parmi les heureux celui qui, du peu de temps qui lui fut octroyé, sut faire un bon emploi. Il a joui de la vraie lumière : il n'a pas été un homme quelconque ; il a vécu, et d'une vie énergique ; tantôt le ciel a été serein pour lui, et tantôt, selon l'ordinaire, l'astre aux puissants rayons n'a percé qu'à peine les nuages. Pourquoi demander combien de temps il aura vécu ? *Il a vécu* ; il s'est élancé jusque dans la postérité, il a pris rang dans la mémoire des hommes. Ce n'est pas que, si un surcroît d'années m'était offert, je le refuserais : toutefois je dis que rien n'aura manqué à mon bonheur, si on en abrège la durée. [...] La durée de ma vie est hors de mon pouvoir ; être homme de bien tant que je vivrai, voilà qui dépend de moi. Qu'on exige de moi que mes jours ne s'écoulent pas un à un dans d'ignobles ténèbres mais que je dirige ma vie et ne la laisse pas fuir devant moi[1]. »

1. SÉNÈQUE, Lettre XCIII – *Sur la mort de Métronax. Mesurer la vie sur l'emploi qu'on en fait, non sur sa durée.*

10.

DÉCIDER DE SA VIE

Que l'on s'affaire à étudier, vendre des fruits et légumes, faire du sport, négocier un contrat, changer un bébé, méditer au soleil, réparer un vélo ou secourir la veuve et l'orphelin, dès lors qu'ils correspondent à un objectif librement choisi, tous les usages du temps sont légitimes – j'insiste : « librement choisi », et il faudrait examiner dans le détail ce que sont les conditions de cette liberté, qu'Aristote fait reposer sur l'absence de contrainte et sur la connaissance[1] : Rimbaud dans sa bohème, « logé à la Grande ourse », était-il vraiment libre ? Et Reggiani, plus libre *avec* ou *sans* sa « belle geôlière » ? Mais c'est un autre sujet que j'aurai l'occasion d'aborder un peu plus loin dans ce livre.

Quoi qu'il en soit, j'ai rencontré au cours de ma vie des personnes poursuivant des objectifs personnels et professionnels de tous types – et toutes s'efforçaient de gérer leur temps en fonction desdits objectifs, en allouant celui-là de manière à atteindre ceux-ci. L'un de mes camarades de classe préparatoire, par exemple, est devenu moine. Ses objectifs, les grands et les petits, des plus triviaux aux plus existentiels, diffèrent désormais largement des miens, alors que nous avions à peu près les mêmes lorsque nous

1. Voir l'analyse des actes libres chez Aristote, *Éthique à Nicomaque*, livre III.

préparions ensemble les concours des grandes écoles d'ingénieurs. Mais je suis sûr que, tels qu'ils sont aujourd'hui, ils président, comme c'est mon cas, à l'organisation de son temps. En effet, il ne peut y avoir d'action féconde sans cadre temporel. L'un de mes glorieux prédécesseurs à la présidence de l'Association des anciens élèves de l'École polytechnique, le Maréchal Foch, répétait volontiers qu'« un ordre qui n'est pas assorti d'une contrainte de temps ne vaut rien ».

Certaines personnes aiment avoir des journées bien remplies, passer d'une activité à l'autre, évoluer dans plusieurs cercles relationnels, multiplier les engagements de toutes sortes. On dit qu'elles ont « plusieurs vies en une ». Si seulement ! J'aurais aimé, pour ma part, avoir plusieurs vies concomitantes à ma disposition, être *en même temps*, tel un chat de Schrödinger, responsable politique, homme d'affaires, rugbyman, capitaine d'industrie, prêtre… Mais, puisqu'on ne peut « superposer » les vies comme on « superpose » les états quantiques, j'ai décidé de les « enchaîner », l'une après l'autre – en me limitant au champ professionnel, bien sûr, puisque, sur le plan personnel, je suis mari et père de famille *ad vitam aeternam*. Ainsi ai-je été successivement haut fonctionnaire, consultant, directeur général d'une entreprise de BTP, investisseur, banquier, et aujourd'hui assureur. En rigueur de terme, ce ne furent pas les étapes d'un parcours linéaire, mais bel et bien des « vies » professionnelles consécutives, car, à chaque fois que le compteur revenait à zéro, il m'appartenait d'explorer un nouvel univers et d'en découvrir les richesses, de travailler avec des personnes différentes, avec des critères de performance ou de succès auxquels je n'étais pas forcément habitué. Bref, à chaque fois, il me fallait sortir de ma « zone de confort », comme on dit de nos jours – tout en restant dans le domaine du possible et du vraisemblable : aucun chasseur de tête ne m'a proposé le poste de directeur artistique chez Christian Dior.

Une telle ambition, ou un tel idéal, n'est pas un symptôme de frénésie, d'instabilité, voire de schizophrénie. Si l'on ambitionne de mettre chaque instant à profit, non seulement pour soi, son propre intérêt, son propre bonheur, son propre plaisir, mais aussi pour ceux d'autrui, il faut à la fois être profondément « unifié » sur le plan psychique et laisser le moins de place possible à l'agitation. C'est en tout cas mon expérience : si je n'étais pas discipliné dans mon cœur et dans mon agenda, je ne pourrai pas enchaîner avec profit et plaisir toutes les réunions, les rencontres, les lectures, les entretiens, les déplacements que comptent mes journées – et terminer, parfois, par un bon dîner entre amis !

Qu'on ne s'imagine pas d'ailleurs, que seuls les « hommes d'action », ceux « qui sont dans le *faire* plus que dans l'*être*[1] », ceux qui exercent des responsabilités importantes ou les ambitieux qui, précisément, aimeraient appartenir à ces catégories – qu'on ne s'imagine pas, donc, qu'ils sont les seuls à avoir des objectifs et à devoir organiser leur temps en conséquence. Chacune de nos existences est ponctuée d'objectifs – des objectifs extrêmement variés selon les personnalités et les situations, des objectifs plus ou moins décisifs, des objectifs de court, moyen ou long terme, des objectifs vitaux ou superflus. Une liste de course, un agenda d'écolier, une partition de musique, une recette de bœuf bourguignon, une carte de randonnée sont autant d'indices des objectifs pluriels dont nos vies sont remplies.

1. Une distinction commode mais un peu facile et caricaturale.

Je parlais, un peu plus haut, de mon condisciple devenu moine. Or, les « contemplatifs » et tous ceux qui, en apparence, « ne font rien » ne sont pas en reste : ils se posent aussi la question de leurs objectifs, pas seulement le but de leur vie, mais aussi celui de leur année, de leur journée, de la minute qui s'ouvre devant eux. Souvent, même, leur existence est très strictement réglée et la nécessité de se fixer des objectifs leur est d'autant plus impérative que le long terme éclaire le court et le moyen terme. Que l'on songe par exemple aux règles monastiques, dans le monde catholique (la règle de Saint Augustin, celle de Saint Benoît, celles des ordres mendiants ou enseignants comme les Dominicains et les Jésuites) ou dans l'univers bouddhiste (le *patimokkha*, c'est-à-dire l'ensemble des fautes à éviter) : toutes assignent aux personnes consacrées un cadre de vie exigeant, avec des objectifs à atteindre, sur le plan spirituel comme sur le plan matériel, et, pour ce faire, un emploi du temps qui peut paraître rigide aux yeux des profanes. Et ces objectifs, les petits comme les grands, tiennent ensemble par un lien qui donne du sens au tout. Ainsi, Thérèse de Lisieux, recluse dans une vie de prière en apparence inutile, écrit que, accompli dans la foi, le geste de « ramasser une aiguille par amour [objectif de très court terme et ordinaire] peut sauver le monde [objectif de très long terme et extraordinaire] [1] ». Même Diogène dans son tonneau, au ve siècle av. J.-C., poursuivait un but : « Je cherche un homme[2] ! » disait-il.

1. Dans l'une de ses lettres à sa sœur Céline, Ste Thérèse de l'Enfant Jésus et de la Sainte Face, *Correspondance*, Paris, DDB, 1986.

2. *Anthropon zeto*, sous-entendu : « Je cherche le *concept* d'homme » tel que défini par Platon, manière ironique de souligner qu'il n'existe que des hommes concrets.

À vrai dire, je n'imagine pas une existence sans objectif, et donc sans l'organisation du temps permettant de l'atteindre. Un objectif, ce n'est pas un rêve, une fiction que l'on se raconte à soi-même, sans « notice de montage » pour prendre corps ; ce n'est pas non plus une envie, c'est-à-dire un transport instinctif, irréfléchi, qui ne mérite pas toujours d'être traduit en acte ; ce n'est pas davantage l'ambition seule, l'énergie pure, qui demande à être canalisée. Ce qui permet d'avancer, ce sont les objectifs identifiés, les lignes d'arrivée, les cibles qui se tiennent à distance mesurable dans le temps et dans l'espace. C'est seulement ainsi que l'on trouve la volonté de se discipliner dans l'allocation de son temps.

Les plus grands sportifs, les artistes les plus éminents, les hommes d'État, les grands dirigeants d'entreprise – mais aussi les chercheurs, les paysans, les patrons de TPE et PME, les héros anonymes dont la valeur, parfois immense, n'est peut-être connue que de quelques-uns, tous visent des objectifs précis qui les obligent à organiser leur temps. Que l'on s'écrie un jour, tel le jeune Victor Hugo au seuil de sa carrière littéraire, « Être Chateaubriand ou rien ! » ; que l'on se dise, comme le facteur Cheval ramassant sur un chemin de sa tournée la première pierre de son Palais idéal, « Puisque la nature veut faire la sculpture, je ferai la maçonnerie et l'architecture » ; que l'on décide comme Philippe Croizon, amputé des bras et des jambes à la suite d'une électrocution, de traverser la Manche à la nage ; ou que l'on soit un enfant sur ses skis déterminé à décrocher son premier flocon, tous les objectifs ont un sens : il faut savoir ce que l'on veut.

Savoir, donc, puis décider. Il n'y a pas d'action sans connaissance ; il n'y en a pas non plus sans volonté. Vient un moment où il faut décider de l'objectif à atteindre et du chemin à emprunter pour y parvenir.

Or, décider est un art, un savoir-faire qui s'apprend, se cultive, se consolide, se maîtrise – j'emploie les mots *art* et *savoir-faire* car il est délicat de parler de *science* de la décision, même si c'est un sujet dont les épistémologues, tel Bertrand Saint-Sernin[1], se sont saisis ces dernières décennies. Comme le dit le mathématicien et philosophe Daniel Andler, la décision présente, en effet, une « résistance à l'élucidation philosophique » et « occupe, entre délibération et action, entre calcul et jugement, un point conceptuellement mystérieux[2] ».

Là encore, malgré tout, Aristote peut nous éclairer. Il définit la décision comme l'acte découlant d'un choix (fonction de la volonté), laquelle résulte d'une délibération (fonction de l'intelligence) – délibération que le théologien médiéval Gilles de Rome, pour souligner son rôle dans la formation du réel à venir, appelle éloquemment « l'œil du futur[3] ». Ainsi, décider requiert la mobilisation et de l'intelligence et de la volonté. Pour le philosophe Mathieu Maurice, « la qualité de nos décisions dépend d'abord de la qualité de nos questions », c'est-à-dire notre façon de « collecter les données pertinentes[4] », y compris l'avis d'autrui.

La portée potentielle de l'art de décider est immense. Ainsi Voltaire aurait-il affirmé : « J'ai décidé d'être heureux car c'est bon pour la santé[5]. » Cela s'applique en particulier à l'usage que l'on fait de son temps. Car on décide

1. Voir notamment son ouvrage *Les Mathématiques de la décision*, PUF, Paris, 1973.

2. ANDLER, DANIEL (dir.), *Sciences et décision : 3e congrès de la SPS*, Besançon, Presses universitaires de Franche-Comté, 2015.

3. Gilles DE ROME, *De regimine principum*, 1279.

4. Mathieu MAURICE, *La décision fertile*, Paris, Hermann, 2018.

5. La phrase exacte est sans doute « Je me suis mis à être un peu gai, parce qu'on m'a dit que cela est bon pour la santé », qu'on trouve dans une lettre de Voltaire à l'abbé Trublet, avec lequel il s'était fâché.

du temps – ce que l'on va en faire et on décide *dans* le temps – la temporalité à laquelle la décision est soumise. En d'autres termes, il faut du temps pour bien utiliser son temps. C'est ce qu'explique la sociologue Brigitte Bouquet : « Penser l'apport d'un temps de réflexion préalable à la décision influence la façon de la concevoir, penser la décision entraîne une certaine représentation de sa temporalité. La représentation temporelle et la décision se déterminent ainsi mutuellement. Outre la considération de la temporalité de l'acte de la décision, cela implique de se pencher sur l'amont (la préparation d'une décision) et sur l'aval (les conditions dans lesquelles il faut assumer ses suites) [1]. » Ainsi, toute action convenablement menée implique trois phases : l'établissement d'un diagnostic lucide – ce qu'on peut appeler un « regard sur le passé » ; la conception d'un plan d'action efficient – le « regard sur le présent » ; la mise en œuvre effective de ce plan et son suivi – le « regard sur l'avenir ».

Sans l'un des éléments de ce trépied, l'action ne tient pas debout. C'est pourquoi je me suis efforcé, tout au long de ma carrière, à chaque fois que cela s'imposait, de « prendre le temps de la réflexion », en recourant si besoin au « brainstorming ». Ces moments d'échange des points de vue et d'analyses me paraissent essentiels, dès lors qu'ils ne tournent pas au bavardage, suivent un ordre du jour précis et aboutissent à un plan d'action détaillant la mise en œuvre effective de la décision ainsi que le contrôle de son exécution. Au fond, une telle approche n'a rien de révolutionnaire et relève de la pratique ancestrale du « prince en son conseil », que l'on connaît depuis

1. Brigitte Bouquet, « Les temporalités de la décision », *Vie sociale*, vol. 2, n° 2, 2013.

l'Antiquité : le décisionnaire s'entoure de conseillers aux profils variés, susceptibles de nourrir sa réflexion, afin de l'aider à prendre la meilleure décision possible. Le brainstorming s'inscrit dans une logique d'investissement et doit être évalué selon son coût d'opportunité : certes, on « perd » du temps (en s'écartant des routines de travail habituelles) mais c'est pour en gagner, c'est-à-dire trouver des solutions à des problèmes inédits, améliorer sa façon de travailler, anticiper les difficultés, éviter les écueils, etc.

Lorsque vient la décision d'allouer son temps à telle ou telle activité, tel ou tel objectif, l'arbitrage doit être ferme et l'exécution prompte. Un oui est un oui ; un non est un non. Comme disent les Anglo-Saxons : *Just do it* et *Do it once, do it right*. Pour exprimer la décision, on utilise parfois le verbe *arrêter :* un dirigeant arrête telle résolution ; un ministre ou un maire prend des arrêtés ; le Conseil d'État rend des arrêts. Décider, c'est, relativement à une question ou un enjeu quelconque, arrêter le temps de la délibération et entrer dans le temps de l'action ; c'est déterminer, non seulement un avant et un après, mais un temps A et un temps B. C'est, d'une certaine manière, (re) prendre le pouvoir sur le temps qui passe. En outre, si cet arbitrage procède de notre libre arbitre, il n'est pas arbitraire car il doit avoir du sens et tenir compte d'autrui, ni fatal car on ne demeure jamais prisonnier de ses propres choix – comme le chante Étienne Daho, « tout peut changer, aujourd'hui est le premier jour du reste de ta vie[1] ».

Il reste que la façon de décider relève du caractère de chacun – en particulier décider de l'allocation de son temps. On décide selon ce qu'on est, on améliore sa

1. *Singles*, 1998, Virgin.

manière de décider en travaillant sur ses défauts, ses lacunes, ses points forts. D'où l'importance de l'un des plus anciens conseils que l'homme ait entendus, transmis, suivis ou ignorés, un conseil gravé au fronton du temple d'Apollon à Delphes : *Connais-toi toi-même*. Se connaître soi-même, c'est bien sûr une tâche à reprendre chaque jour. Justement, certains outils aident à identifier les grandes lignes de sa personnalité et, ce faisant, à éviter le piège de l'errance ou de l'immobilisme.

Le MBTI (Myers Briggs Type Indicator) est l'un d'eux. Ce fut sans doute l'une des découvertes les plus marquantes de ma vie professionnelle. Il s'agit d'un outil d'identification et de classification des types de personnalité conçu dans les années 1950 par Katherine Briggs Myers (1875-1958), pédagogue américaine, et sa fille, Isabel Cook Briggs (1897-1980), qui lui ont donné leurs noms. Il repose en grande partie sur le travail clinique d'un des fondateurs de la psychologie analytique, Carl Gustav Jung (1875-1961). Il permet, à partir d'un questionnaire, de déterminer chez un individu comment il se situe par rapport à quatre fonctions principales : la provenance/direction de son énergie psychique ; sa façon de recueillir de l'information et de percevoir les choses ; la base de ses prises de décision ; sa manière d'aborder le monde. À chaque catégorie correspond une lettre.

La première fonction permet d'évaluer le degré d'extraversion/introversion d'un individu, c'est-à-dire dans quelles circonstances il « recharge ses batteries ». L'extraverti (E) se ressource au contact d'autrui et du monde extérieur, il est à l'écoute de ce qui l'entoure plus que de son propre ressenti. L'introverti (I), en revanche, a besoin, régulièrement, d'être seul pour se poser, réfléchir et « regrouper » ses émotions. L'enthousiasme de l'extraverti est en général plus rapide, spontané et visible. La deuxième fonction oppose ceux (S) dont la connaissance passe par les sens, c'est-à-dire l'observation, et qui ont besoin d'explications détaillées et précises, et ceux (N) qui procèdent par l'intuition, plus à l'aise avec la « big picture » qu'avec le déroulé des raisonnements. La troisième fonction permet de répondre à la question : comment prend-on ses décisions ? Le premier type (F) agit principalement à partir de ses sentiments et valeurs personnels, à partir desquels il cherche à connaître les autres, leurs motivations, situations, vécus, etc. Le second type (T) part de principes logiques, en pesant avantages et inconvénients, avec recul et objectivité. Enfin, quatrième fonction, il y a deux manières d'aborder le monde : la première (P) repose sur la perception tandis que la seconde (J) repose sur le jugement – j'y reviendrai en détail un peu plus loin.

En combinant ces lettres, on aboutit à seize types psychologiques de base dont la désignation comprend quatre lettres correspondant aux quatre fonctions. INFJ correspond par exemple au type appelé « Avocat » ; INFP, au type « Médiateur » ; ENTJ, au type « Commandant », etc.

Le MBTI m'a non seulement aidé à mieux me connaître mais il m'a permis de réaliser qu'il existe différentes formes d'excellence. Je l'avoue, avant de faire la découverte du MBTI, j'avais tendance à douter, au moins de prime abord, de l'efficacité des façons de travailler différentes de la mienne. Le MBTI accrédite scientifiquement l'idée selon laquelle le travail avec des personnes différentes de soi est à la fois plus rugueux, du fait de certaines incompatibilités de profil, mais aussi plus fécond, du fait de la complémentarité des forces et de la multiplicité des points de vue. De nombreuses études ont ainsi montré que, pour des tâches comparables, les équipes « polyphoniques » produisent de meilleurs résultats que les équipes de « clones ». Une telle prise de conscience invite à la distance, à l'indulgence et à l'humilité. Cela donne aussi au dirigeant d'entreprise une base pour déléguer les responsabilités : s'il connaît l'éventail des types de personnalité qui composent son top management, il pourra repérer ceux qui possèdent les talents et les capacités exigés par les circonstances, et les associer en conséquence à la prise de décision et à l'exercice de l'autorité.

Je crois pouvoir dire que, grâce au MBTI, je comprends mieux mes collègues et collaborateurs, je suis plus ouvert à leurs façons de travailler, et même de vivre, en particulier lorsque leur gestion du temps, différente de la mienne, me déconcerte et me fait craindre un défaut de performance. C'est d'ailleurs pourquoi, dans toutes les entreprises que j'ai dirigées, j'ai toujours proposé aux membres de mon comité exécutif une formation au MBTI. Ils ont ainsi pu constater à leur tour qu'il existe différentes formes d'excellence et bénéficier ainsi de ce qui a littéralement changé ma façon de manager.

La quatrième fonction du MBTI (P/J) est transversale par rapport aux trois autres ; aussi, c'est à elle qu'on se réfère le plus souvent pour « classer » les individus, notamment en entreprise. Les profils P sont flexibles, s'adaptent facilement, veulent pouvoir changer d'avis lorsqu'ils ont connaissance de nouvelles informations, ont d'ailleurs parfois besoin de ressentir la pression du dernier moment pour « bien » décider. Les profils J, quant à eux, sont organisés, aiment structurer, planifier, décider et ensuite exécuter de façon « quasi-militaire ». Ils n'ont pas de difficulté à faire des choix et s'y tenir.

Sous l'angle du rapport au temps, les profils J aiment en général exercer un contrôle rapproché de leur temps et minimisent au maximum les aléas, notamment par la planification et la hiérarchie des tâches. Ils conçoivent ces dernières de manière séquentielle et cadencée, avec un début et une fin bien identifiés; lorsqu'une décision a été prise, la mise en œuvre doit suivre sans tarder et sans remise en question dilatoire inutile. Les profils J ont d'ailleurs tendance à terminer leurs tâches avant l'échéance initialement prévue. En revanche, les profils P se montrent plus flexibles dans l'organisation de leur temps et se laissent moins ébranler par l'imprévu. Suivre le fil des événements plutôt que l'anticiper ne les dérange pas; au contraire, ils y trouvent un certain confort.

Si je devais prendre des exemples, je dirais qu'Édouard Balladur, que j'ai vu travailler lorsqu'il était Premier ministre (j'étais alors conseiller technique au ministère de l'Équipement, des Transports et du Tourisme), est un profil J : toujours à l'heure, très organisé, privilégiant l'efficacité, aimant la routine. Jacques Chirac, son frère ennemi de l'époque, me semble plutôt être un profil P. Tout comme Emmanuel Macron, qui se présente volontiers comme le « maître des horloges » : le président de la République actuel n'aime pas se sentir lié par les délais trop stricts ou les usages trop rigides, il est capable de changer d'avis au dernier moment, non par indécision, fantaisie ou caprice mais parce que, confronté à un problème, il redoute de faire l'impasse sur une donnée permettant d'aboutir à une meilleure solution et préfère attendre d'avoir « toutes les cartes en main ». D'ailleurs, une telle façon de fonctionner a incontestablement été un atout pour le pays pendant la crise du Covid : dans un contexte où la situation évoluait de minute en minute, il fallait en effet un chef enclin et habitué à décider sur le fil, après avoir intégré les informations les plus récentes. Le secret d'une efficacité globale est d'avoir conscience de ses préférences et de savoir s'entourer de profils J complémentaires – c'est visiblement le cas du principal collaborateur d'Emmanuel Macron, le Secrétaire général de l'Élysée Alexis Kohler – tout en s'abstenant de confier à des profils P des missions qu'ils ne sauraient mener à bien. Il est clair que, toujours pendant le Covid, l'organisation de la distribution des vaccins n'aurait pu être efficacement prise en charge par un profil P… Toutes les grandes opérations requièrent cette complémentarité, depuis les Jeux Olympiques jusqu'au Débarquement – on se souvient que Eisenhower l'avait, au dernier moment, repoussé de 24 heures en raison de la météo.

Il ne saurait donc y avoir de hiérarchie entre les profils et la déontologie du MBTI prohibe d'ailleurs son utilisation dans les processus de recrutement. En revanche, chacun est encouragé à travailler sur soi, de sorte que les inclinations (par exemple J ou P) ne deviennent pas des déterminations inamovibles et conduisent à la psychorigidité. En tant que J, il m'arrive de me dire que rien ne presse, que telle décision n'est finalement pas si urgente, que je dispose encore d'une certaine marge de manœuvre dans mon calendrier, ce qui me permettra d'« améliorer ma copie ». Mais je reconnais avoir du mal à comprendre, par exemple, qu'une *deadline* soit considérée comme indicative et non impérative – à moins qu'on ne sache pas ce que signifie « dead » en anglais… Cela dit, peut-être aurais-je dû endormir un peu mon profil J et mobiliser le peu de P qu'il y a en moi lorsque, au printemps 2019, j'ai réservé, avec un an d'avance, le voyage anniversaire de mes trente ans de mariage pour toute ma famille. Un P n'aurait pas été contraint de tout annuler pour cause de pandémie mondiale !

11.

LA VALSE À MILLE TEMPS

Chaque chose en son temps. Le lecteur aura peut-être remarqué que j'aime m'arrêter sur ces aphorismes semés, au long des âges, dans les cœurs et les conversations, par la sagesse populaire. Ils sont souvent plus riches qu'il n'y paraît ; celui-ci n'échappe pas à la règle. Certes, autrefois, « chose » faisait partie de ces mots imprécis et triviaux qu'on demandait aux collégiens de bannir de leurs rédactions, comme les verbes « dire » et « faire ». C'est pourtant un « nom commun » qui ne l'est pas tant que ça et mérite attention et curiosité. Aristote l'utilise souvent[1], à travers des expressions comme « la science de la chose », « à partir de la chose elle-même », « dans la nature de la chose ». Pour le philosophe grec, chaque chose, justement, est un fragment du réel, de la « réalité véritable », là où demeure l'essence de l'être.

Par ricochet, quand on dit de chacune des choses qui forment le réel qu'elle « possède » un temps (c'est le sens qu'on peut donner au possessif « son »), on inclut le temps parmi les éléments qui établissent ladite chose dans son être. C'est évidemment capital. Quelle conclusion en tirer ? Peut-être, en premier, qu'il ne faut pas prendre à la légère le facteur temps dans notre rapport à toutes ces « choses » – les personnes, les lieux, les objets, les outils,

1. Il s'agit en grec du mot *pragma*.

les activités, les événements, etc. – qui remplissent nos existences ; faute de quoi, on risque, en effet, de passer à côté de ce qu'elles sont profondément.

Chaque chose en son temps, c'est, à mes yeux, bien plus qu'une invitation à trier les opportunités ou à hiérarchiser les priorités – c'est cela, bien sûr, mais c'est aussi, et peut-être surtout, une exhortation à respecter l'« intégrité temporelle », et la nature propre, des multiples volets de la vie. L'existence est remplie de mille tâches, mille activités qui impliquent mille temporalités différentes et spécifiques. Ce que je veux ou dois faire de mon temps varie selon les enjeux, les macro et micro-objectifs, les personnes que je côtoie. Ainsi, notre temps se répartit entre vie biologique, vie psychique, vie intellectuelle, vie spirituelle, vie amoureuse, vie familiale, vie professionnelle, vie amicale, vie sociale, vie citoyenne, etc.

Comment faire pour que ces différentes « vies » s'articulent harmonieusement et n'entrent pas en collision comme ces particules élémentaires que j'ai évoquées dans la première partie ? Quelle attitude adopter pour éviter que cette valse à mille temps ne se transforme en tourbillon infernal ? Le premier principe à appliquer consiste, d'après moi, à attribuer à chaque activité une durée définie à l'avance. En théorie, le temps est toujours le même. Une minute est une minute, une journée est une journée. Mais en réalité, dans la mesure où nos objectifs sont variés et diffèrent en importance, le temps (tel que nous le percevons, tel que nous l'utilisons) est extensible, élastique. C'est pourquoi nous ne pouvons le traiter de manière uniforme.

En outre, il ne faut pas craindre d'évaluer l'emploi de ces différents temps à l'aide d'« indicateurs » dédiés, plus ou moins formels – le temps est une ressource trop rare et trop précieuse pour s'autoriser la moindre fuite. Mes check-up annuels chez le médecin me disent si je consacre assez de temps au sommeil ou au sport ; si j'apprends incidemment et avec retard telle nouvelle importante touchant un ami, j'en déduis que j'ai laissé passer trop de temps depuis notre dernière rencontre ; de même, à la hauteur de la pile de livres sur ma table de chevet, je mesure le surcroît de temps que je devrais employer à me nourrir intellectuellement.

Dans les années 1960, l'économiste américain Gary Becker (1930-2014) est allé plus loin en proposant carrément une théorie de l'allocation du temps. Elle repose sur l'évaluation du coût qu'entraîne le renoncement aux revenus du travail auquel on consent quand on alloue son temps à des activités extraprofessionnelles (scolaires, familiales, amicales, sociales, ludiques, gastronomiques, touristiques, etc.) ne générant pas de revenus. Ainsi, explique-t-il, « le coût d'un service comme le cinéma ou d'un bien comme la viande est généralement considéré comme égal à leurs prix de marché ; et pourtant, tout le monde s'accorde sur le fait qu'aller au cinéma ou qu'aller dîner prend du temps, tout comme les études ; un temps qui aurait souvent pu être utilisé de manière productive. À ce compte-là, le coût intégral de ces activités devrait être obtenu en faisant la somme du prix de marché et de la valeur du temps utilisé à laquelle on a renoncé[1]. »

L'approche de Becker, prix Nobel en 1992, a fait date dans l'histoire récente des théories économiques, notamment parce qu'elle envisage les foyers comme des unités de production autant que comme des lieux de consomma-

1. Gary BECKER, « A Theory of the Allocation of Time », *The Economic Journal*, septembre 1965.

tion ; cela dit, elle ne se limite pas à substituer une fonction de coûts par une fonction de revenus, de manière à prouver que celui qui souhaite s'enrichir doit remplacer, à plages de temps constantes, ses activités non-productives par des activités productives. Au contraire, dans une perspective « comportementaliste » qui tient compte de la réalité anthropologique des acteurs économiques, Becker souligne la complémentarité des activités et la nécessité de combiner les différents temps de l'existence. En effet, remarque-t-il, « le sommeil, la nourriture et même les loisirs sont nécessaires pour l'efficacité et il faut y investir du temps (ainsi que d'autres ressources) pour maximiser le revenu pécuniaire[1]. » C'est pourquoi il plaide en faveur de la prise en compte, par les économistes et les systèmes de comptabilité nationale, de « budgets temps », en parallèle des « budgets argent », afin de disposer d'une image complète des capacités de financement des acteurs économiques.

Revenons à cette expression : *Chaque chose en son temps*. Contrairement à l'interprétation que l'on peut en faire, je n'y décèle aucune pusillanimité, aucune psychorigidité, aucune tendance à végéter dans sa zone de confort. Au contraire : allouer à chaque chose le temps qui lui revient, c'est vivre en plénitude et jouir de chaque jour jusqu'à la dernière heure, de chaque heure jusqu'à la dernière minute, de chaque minute jusqu'à la dernière seconde. En outre, *chaque chose en son temps* ne signifie pas forcément *chaque chose l'une après l'autre* – on peut faire plusieurs choses en même temps, c'est même assez courant, l'important est de ne jamais « rogner » indûment sur le temps de l'une d'elles, et, comme je l'ai expliqué au

1. *Ibid.*

chapitre 9, de savoir où l'on va. C'est un défi, bien sûr, mais le quotidien n'en est que plus exaltant. À l'échelle de leur vie ou celle de leur journée, certains vont ainsi tenter de « courir plusieurs lièvres à la fois » – ils devront donc, pour parvenir à leurs fins, « superposer » les temps, harmoniser les termes et trouver le bon rythme, à l'instar du meneur d'attelage qui doit faire avancer de conserve des chevaux parfois tentés de tirer à hue et à dia. Sans cette exigence, ils s'épuiseront et perdront de vue leurs multiples cibles. D'autres vont plutôt livrer bataille après bataille, en consacrant à chaque fois un maximum de ressources pour satisfaire leurs besoins existentiels, selon un ordre de priorités défini à l'avance, comme celui que propose Maslow avec sa pyramide[1]. La démarche de cette autre catégorie de stratèges du temps ne consiste pas à se laisser porter par les événements sans se soucier du lendemain mais à « sécuriser » aussi définitivement que possible les murs porteurs de l'existence : dans l'allocation de leur temps, envisagé, là aussi, sur toute une vie ou sur une simple journée, ces « fantassins de la durée » commencent par s'occuper de leurs besoins physiologiques (s'alimenter, dormir), puis de leurs besoins de sécurité (être dans un environnement stable, à l'abri des dangers), puis de leurs besoins d'appartenance et d'amour (être en couple, fonder une famille, se faire des amis), pour pouvoir ainsi

1. Le psychologue Abraham Maslow (1908-1970) a proposé dans les années 1940 une hiérarchie des besoins humains classés en cinq catégories : besoins physiologiques, besoins de sécurité, besoins d'appartenance et d'amour, besoins d'estime, besoins d'accomplissement de soi. Les individus seraient motivés à satisfaire ces besoins de bas en haut de la pyramide. Une fois qu'un niveau de besoin est satisfait, il perd de son importance en tant que moteur de la motivation, et la personne se tourne vers la satisfaction des besoins du niveau supérieur.

se focaliser sur ce que Maslow qualifie de besoin principal, la pointe de la pyramide, à savoir l'accomplissement de soi.

C'est l'une des raisons pour lesquelles je ne fais pas seulement des *to-do lists* mais aussi des plans de journée. De quoi s'agit-il ? Au début de ma carrière, je me contentais de gérer mon temps avec un simple agenda. Mes responsabilités étaient déjà importantes et mon temps compté, mais cette méthode suffisait. Lorsque je suis devenu conseiller technique de Bernard Bosson (1948-2017), ministre de l'Équipement, des Transports et du Tourisme, en avril 1993, je me suis retrouvé face à une telle vague de tâches à mener à bien chaque jour (audiences avec le ministre, appels téléphoniques, courrier à traiter, réunions interministérielles…) qu'il m'a fallu *upgrader* mon système et trouver l'outil idoine pour allouer mon temps de façon optimale, dans un contexte où tout concourait à me ravir ou me faire perdre la moindre minute. C'est à ce moment-là qu'a germé l'idée des plans de journée, que j'utilise désormais depuis plus de trente ans.

Le principe n'en a pas changé. Chaque soir, à 19 heures, je prends une feuille blanche de format A4 que je divise en deux d'un trait vertical. Dans la colonne de gauche, à quelques centimètres du bord, je trace un trait horizontal : il représente le moment où je vais me coucher. Cette première case, environ un sixième de la colonne, recense donc tout ce que je dois faire dans la soirée, c'est-à-dire entre 19 heures et l'extinction des feux. Toujours dans la même colonne, celle de gauche, la case suivante, au-delà du trait, correspond à la journée du lendemain – elle est donc évidemment plus longue, puisqu'elle couvre une durée qui va de l'heure du lever du lendemain jusqu'à 19 heures, c'est-à-dire l'heure à laquelle je vais préparer le plan de la journée suivante. Dans cette grande case doivent entrer, d'heure en heure, selon une sorte de flèche du temps implicite qui irait de haut en bas, le programme du lendemain dans son intégralité. C'est une condition *sine qua non* et un indicateur précieux : si cette programmation est impossible la veille, sur le papier, si tout ce que j'ai prévu de faire « ne rentre pas », alors il n'y a quasiment aucune chance que cela « rentre » dans la réalité. Il peut bien sûr y avoir des aléas, des contretemps, des changements de dernière minute, des tâches qui prennent plus de temps et d'autres qui sont annulées, mais le cadre global est fixé à l'avance. Je puis ainsi, une fois le plan de journée établi, passer en mode « exécution », sans ergoter à l'infini. Par exemple, ce que je suis en train de faire, c'est-à-dire écrire le onzième chapitre de mon livre, était déjà programmé sur ma feuille de journée préparée hier soir.

Quid de la colonne de droite, maintenant ? Je n'y inscris rien : elle est destinée à recevoir des post-it classés par couleurs, sur lesquels figurent des problématiques, des points d'attention, des noms de dossiers ou de personnes, des thèmes que je dois impérativement avoir « dans mon radar » au cours de la journée du lendemain. Pourquoi des post-it ? Parce que, très souvent, en raison de leur nature ou de leur complexité, ces sujets reviennent le lendemain ou les jours suivants – bref, ils ont une « durée de vie » supérieure à vingt-quatre heures. Ils doivent donc pouvoir passer commodément sur la feuille A4 du plan de journée du lendemain. Et lorsque je n'ai plus besoin d'y penser, le post-it part à la poubelle.

Je reviens à la colonne de gauche. Trois types de tâches et d'obligation y sont couchés, selon un principe qui n'étonnera pas pour un ingénieur : les états de la matière. Viennent en premier les tâches et obligations de type *solide :* on ne peut ni les découper, ni les comprimer. Elles s'empilent comme les briques d'un mur. Par exemple, la réunion d'un conseil où je siège en tant que directeur général ou administrateur. Si elle est censée durer une heure, c'est une heure sur laquelle je n'ai aucune prise : je suis dans l'obligation d'être présent, parfois même alerte et vigilant, mais je ne contrôle ni l'ordre du jour ni le déroulé des échanges. Il est vrai, toutefois, que l'apparition des smartphones, redoutable outil de communication écrite (c'est-à-dire silencieuse, et donc « invisible »), permet le double-tasking, parfois pratiqué de manière systématique[1]. Les tâches et obligations de type *liquide*, en revanche, peuvent être traitées de manière plus souple : je ne peux pas les comprimer mais je peux les découper. Pour filer la métaphore utilisée plus haut, elles viennent s'insinuer dans les interstices du mur de briques. Ainsi, s'il me faut appeler huit collaborateurs et que j'estime à cinq minutes le temps de conversation nécessaire, je n'ai pas besoin de mobiliser quarante minutes en continu : je peux « glisser » dix minutes ici, quinze minutes là, etc. Quant aux tâches et obligations de type *gazeux*, elles sont à la fois morcelables et compressibles. Prenons l'exemple d'un coup de fil à un directeur régional à qui je dois donner mon accord sur un dossier et pour lequel j'ai prévu dix minutes : en dix secondes, je donne mon accord, mais de la même manière qu'un gaz occupe tout l'espace disponible, je vais maintenir les dix minutes prévues pour mon interlocuteur et allouer les neuf minutes et cinquante secondes restantes à un sujet différent, peut-être d'un autre ordre d'ailleurs, comme prendre des nouvelles de sa famille. Cela dit, dans

1. Ce qui n'est pas sans générer du stress, obstacle de long terme à l'efficacité professionnelle.

la mesure où mes plans de journée sont extrêmement chargés, il est rare que je puisse m'accorder le luxe – c'en est un ! – d'assigner à une tâche ou une obligation plus de temps que nécessaire pour qu'elle soit dûment et efficacement traitée. Mais le principe de la soupape n'en reste pas moins appréciable : pour éviter un excès de pression, il est parfois nécessaire de se laisser une certaine marge de manœuvre. Sans compter que certaines affaires et certaines rencontres doivent être ritualisées et inclure « la pluie et le beau temps », ce que les Anglo-saxons appellent le *small talk* : ce n'est pas pour rien qu'en France, pays de la gastronomie et de l'art de la conversation[1], les repas d'affaires ont autant d'importance.

Comment faire, au moment de composer le programme du lendemain, si le temps vient à manquer ? On comprime – c'est le levier du gazeux. C'est souvent faisable, car l'être humain n'a pas l'instinct de l'efficience et aime accorder à son cerveau supérieur le plaisir des détours, des circonvolutions, des digressions. En somme, il y a presque toujours moyen de « rogner » et de ne consacrer que 15 minutes à ce qui était censé prendre 20 minutes – et gagner cinq minutes, ce n'est pas anodin. Il arrive toutefois qu'il faille reporter une tâche ou une obligation, la plupart du temps sur le week-end, au détriment du temps en famille ou du repos ; et même annuler, ce qui n'est jamais aisé – surtout quand on s'efforce, comme moi, d'honorer tous ses engagements. Pour guider pareille décision, il faut des critères. La grille que j'utilise repose sur les impératifs d'urgence et d'importance. Ces deux critères doivent être croisés, ce qui donne la marche à suivre. Ainsi, ce qui est à la fois

1. Qualifiée d'institution dans le livre du grand Marc Fumaroli, *Trois institutions littéraires*, Paris, Gallimard, 2010.

urgent et important, entraîne l'action; ce qui est urgent et secondaire doit être (si possible) délégué – d'où l'exigence, soit dit en passant, de bien s'entourer, c'est-à-dire d'y allouer le temps nécessaire; ce qui est non urgent et secondaire doit être annulé (ou reporté); ce qui est important mais non urgent doit être planifié – à l'aide, bien sûr, du plan de journée.

On est loin, convenons-en, de la *to do list*, laquelle est un amoncellement fourre-tout de tâches et obligations sans hiérarchie et, surtout, sans contrainte de temps. Elle ne permet pas de donner à l'enchaînement des heures un *sens* – dans la double acception du terme : « direction » et « signification ». Et je ne saurais trop insister sur cette double acception : lorsque je gère bien mon temps et l'alloue de manière optimale, de manière à pouvoir faire tout ce que je souhaite faire, j'éprouve le sentiment extrêmement gratifiant du devoir accompli. À titre personnel, rien ne me comble plus que de pouvoir, dans une même semaine, aller au vernissage d'une exposition, jouer quelques heures au golf le samedi, rendre visite à un Jésuite en fin de vie et atteindre mes objectifs professionnels.

Il est vrai que ce défi ne se présente pas de la même manière pour tout le monde. Le problème auquel nous nous affrontons n'est pas seulement de pouvoir suivre les mille temps de la valse, comme dans la chanson de Jacques Brel – c'est, si l'on file la métaphore, de pouvoir choisir, *et* la musique, *et* sa/son partenaire. Il nous arrive à tous d'être dans l'impossibilité d'allouer notre temps comme nous voudrions le faire, selon nos rêves, nos projets, nos envies. Pour certains, cela reste ponctuel; pour d'autres, c'est hélas plus durable. Les personnes souffrant d'affections de longue durée, les exclus, les précaires, les « cabossés de la vie » comme les appelle Guy Gilbert, le curé des loubards, sont contraints de « dépenser » leur temps dans des activités qu'ils n'ont pas choisies, qui leur sont imposées par les circonstances ou la nécessité d'assurer le minimum vital. Le temps devient alors un piège. Et pour eux la peine est souvent double : le temps qu'ils consacrent à des activités déplaisantes leur semble, de surcroît, passer très lentement.

Le forçat sur sa machine ou, *a fortiori*, le malade sur son lit de douleurs, n'a pas la même perception du temps que l'artiste-peintre, le retraité, l'infirmière ou le chef d'entreprise. La souffrance entraîne ce que le philosophe Jérôme Porée[1] appelle une « altération du sens de la temporalité[2] ». La souffrance vide le temps de son sens : il ne passe plus, un instant semble une éternité – non l'éternité désirable du temps transcendé, comme chez Plotin et Augustin[3], mais le temps renfermé sur lui-même à l'infini, comme un serpent qui se mord la queue. Quand on souffre, hier est comme aujourd'hui, aujourd'hui est comme demain. Et lorsqu'elle se prolonge, la souffrance ne ferme pas seulement certaines voies de la vie – certains temps de la valse – mais la vie tout entière : elle « suspend l'ouverture même du temps », écrit Jérôme Porée, « ce dont elle nous prive n'est pas telle ou telle possibilité de notre être mais notre possibilité même d'être. Elle défait l'unité nouée, au cœur même de l'existence, entre l'être et le possible. [...] Le sentiment qui domine alors le sujet est celui de quelque chose qui ne se terminera jamais.

1. Auteur de deux livres d'une grandeur profondeur : *Sur la douleur*, PUF, 2017, et *L'espérance mélancolique – Un dialogue entre philosophie et psychiatrie sur le temps humain*, Hermann, 2020.

2. « Souffrance et temps », *Revue philosophique de Louvain*, 1997, n°1.

3. Voir chap. 3.

Souffrir, c'est souffrir sans fin. Comme le temps de l'ennui, le temps de la souffrance est un temps sans échéances. »

Arrêtons-nous un instant, justement, sur l'ennui, ce « mal de la durée trop longue et de l'existence trop vide[1] » qui peut d'ailleurs aller jusqu'à la souffrance. Des chercheurs norvégiens en auraient récemment découvert le mécanisme physiologique[2] : selon eux, chaque événement de l'existence serait encodé par le cortex entorhinal latéral sous forme de signal, puis stocké dans l'hippocampe ; mais lorsque l'événement se répète (comme dans le cas d'une activité monotone) les signaux finissent par s'estomper et s'amalgamer dans une sorte de brouillard ; c'est ce brouillard qui donne l'impression que le temps passe plus lentement, *trop* lentement. Ainsi, l'un des moyens de tromper l'ennui serait de changer d'activité, ne serait-ce que momentanément, de manière à « réinitialiser » le cortex entorhinal latéral. Précisons tout de même que l'ennui, s'il est une expérience désagréable du temps, peut aussi être l'occasion de rentrer en soi-même et cultiver sa vie intérieure, là où les « événements » ne manquent et ne se ressemblent jamais. Mais c'est un défi qu'il est bien difficile de relever quand on vide les poubelles dans un fast-food ou quand on « bipe » des colis dans une plateforme logistique. Il y a presque un siècle, la philosophe Simone Weil avait rendu compte d'une telle difficulté, à partir de sa propre expérience en usine dans les années 1934-1935 et avec les mots ardents qui la caractérisent : « Le temps et le rythme sont le facteur le plus important du problème

1. Vladimir Jankélévitch, *L'aventure, l'ennui, le sérieux*, Flammarion, 1963.

2. voir Tsao A, Sugar J, Lu L, Wang C, Knierim JJ, Moser MB, Moser EI. « Integrating time from experience in the lateral entorhinal cortex », *Nature*, septembre 2018.

ouvrier. Certes le travail n'est pas le jeu ; il est à la fois inévitable et convenable qu'il y ait dans le travail de la monotonie et de l'ennui. [...] Mais il n'est pas moins vrai que notre pensée est faite pour dominer le temps, et que cette vocation doit être préservée intacte en tout être humain. [...] L'avenir de celui qui travaille dans une usine est vide à cause de l'impossibilité de prévoir, et plus mort que du passé à cause de l'identité des instants qui se succèdent comme les tic-tac d'une horloge. [...] Il faut que l'avenir s'ouvre devant l'ouvrier par une certaine possibilité de prévision, afin qu'il ait le sentiment d'avancer dans le temps, d'aller à chaque effort vers un certain achèvement[1]. »

Autre problème lié à la conjonction parfois chaotique des « mille temps » qui forment la trame de l'existence, l'éclatement. Qu'est-ce à dire ? Entre le temps professionnel, le temps familial, le temps social, le temps culturel, etc., les individus contemporains ont du mal à établir un lien organique, qui donnerait une cohérence de fond à ce qu'ils vivent. Un récent article des *Échos* identifiait le quartier des affaires de la Défense, en lisière de Paris, comme l'un des symboles de cet éclatement des temporalités : « Valentin, un cadre trentenaire travaillant dans l'énergie, [explique] : « Moi qui aime beaucoup les centres urbains, y compris les quartiers d'affaires d'autres pays, je n'ai jamais ressenti la moindre excitation en venant travailler ici parce qu'on est coupés de la ville : c'est un lieu uniquement consacré au travail, un espace à part sans continuité avec son environnement. » [...] Longtemps, l'identité d'un individu a été étroitement associée à sa

1. Simone Weil, « Journal d'usine », *La condition ouvrière*, Paris, Gallimard, 1951.

fonction productive dans la société : « Qu'on vous croise à l'église ou dans les champs, vous étiez la boulangère ou le notaire », explique [Sonia Lavadinho, anthropologue urbaine] […] « Le moi que vous incarnez au travail n'est aujourd'hui qu'une partie de ce qui vous définit et les jeunes actifs ne se contentent plus de n'être qu'une parcelle d'eux-mêmes dans le cadre professionnel. » La Défense, indique-t-elle, a vécu avec le Covid la prise de conscience d'une « lame de fond en cours depuis une cinquantaine d'années » : le cloisonnement progressif de nos temps de vie[1]. »

Le sentiment de vivre une vie éclatée mine la santé mentale des individus car il s'oppose à un autre sentiment que les professionnels du psychisme (psychiatres, psychologues, psychomotriciens), à la suite du grand pédiatre et psychanalyste britannique Donald Winnicott (1896-1971), nomment « sentiment de continuité d'existence ». Le temps joue un rôle clé dans ce « sentiment » fondamental, sans lequel il n'est pas de vie épanouie. C'est notamment ce qu'explique Éric Pyreire, spécialiste du sujet : le sentiment de continuité de l'existence est « une sorte de sécurité intérieure qui nous dit qu'à la seconde suivante, nous serons toujours là et toujours « le même[2] ». »

Le bonheur consiste à donner du sens à sa vie, que ce soit par le plaisir, l'absence de souffrance, le service d'autrui, l'excellence morale et intellectuelle, la contribution au bien commun. Ce sens est à la fois composé et divisé, comme disent les grammairiens, c'est-à-dire qu'il réside à la fois dans la *big picture* et dans les petites choses.

---

1. « La Défense, paradis perdu de la vie de bureau », *Les Échos*, 21 septembre 2023.
2. Éric Pyreire, *Clinique de l'usage du corps*, Paris, Dunod, 2015.

C'est ainsi que le temps se traite : il se prend certes morceau par morceau (« à chaque jour suffit sa peine ») mais les morceaux rassemblés doivent avoir une unité et un ordre, c'est-à-dire une direction. Cela correspond à ce que le philosophe tchèque Jan Patočka (1907-1977) appelle le « soin de l'âme » : « Vouloir être en unité avec soi-même. » En effet, ajoute-t-il, « l'homme n'est pas initialement en unité avec lui-même, il n'y parvient que par le travail de la vie entière[1]. » À notre expression de départ – *Chaque chose en son temps* – on pourrait ainsi en adjoindre une autre, elle aussi tirée de la sagesse populaire : *Il y a un temps pour tout*. Comme la précédente, elle signifie que toute chose s'accorde avec un temps particulier. Mais elle nous invite à aller plus loin. « Il y a un temps pour tout » peut aussi s'entendre ainsi : « Il y a un temps pour *le tout* ». Autrement dit, vient toujours un moment, dans l'existence, où se pose la question du sens composé, de la valeur d'ensemble, du fil d'Ariane qui unit tout ce que l'on fait et tout ce que l'on vit.

1. Jan Patočka, *Platon et l'Europe*, Lagrasse, Verdier, 1983.

12.

L'ART DU TEMPO

Chacun de nous dispose d'une « quantité » de temps limitée et inconnue à l'avance ; pour pouvoir en tirer le meilleur profit, il faut l'allouer au mieux compte tenu des objectifs que l'on se fixe. Entre deux occupations susceptibles de tenir dans le même créneau horaire, je peux choisir la plus plaisante (jouer au golf) ou la plus utile (tondre la pelouse), en fonction de ce qui m'est le plus profitable sur le moment (me détendre ou avoir un jardin bien entretenu), sachant qu'il me revient de définir les critères de ce « profit ». On pourra me rétorquer qu'il existe une autre solution : aller vite. C'est mathématique : si je tonds la pelouse deux fois plus rapidement que d'habitude, je pourrai, *en plus*, aller jouer au golf. J'aurai ainsi réussi à allouer mon temps à deux « activités ». C'est juste. Sauf que la quantité de temps n'est qu'un des termes de l'équation. Pour la pelouse, passe encore. Si certaines « activités » imposent ou s'accommodent de la vitesse, ou de la vivacité, d'autres exigent de la lenteur, ou de l'application. Engloutir un verre de Romanée-Conti en deux gorgées, c'est inadéquat (pour ne pas dire stupide !) ; de même, courir un cent mètres à cloche-pied… Tout réside en réalité dans l'art du tempo, tel qu'on le rencontre dans la sagesse populaire (« Il ne faut pas confondre vitesse et précipitation ») ou chez La Fontaine (1621-1695) : « Rien ne sert de courir, il faut partir à point ». Dans la fable, *Le lièvre et la tortue* (1668), qui commence par ces mots, le problème du lièvre, outre son côté hâbleur, est qu'il n'a aucune discipline : malgré ses qualités intrinsèques, non seulement il ne sait pas gérer son temps mais il n'y pense même pas. Il flâne, fainéant et, à la fin, il a beau foncer, il flanche.

Le texte de La Fontaine mérite qu'on s'y arrête. Le lièvre se livre précisément à six « activités » alors qu'il devrait s'en tenir à une seule : 1) il broute, 2) il dort, 3) il écoute d'où vient le vent, 4) il broute à nouveau, 5) il se repose, 6) il s'amuse. Inutile de réécrire l'histoire, et ainsi d'en ôter le charme et l'intérêt, mais on se dit quand même que s'il s'était contenté, disons, d'interrompre sa course une fois pour brouter et une fois pour dormir, l'animal, tout fanfaron qu'il fût, aurait remporté la course ! L'enjeu ici n'est ni moral – le lièvre commet la faute de ne pas courir *au bon moment* – ni métaphysique – le lièvre n'assume pas sa nature qui est de courir – mais fonctionnel : le lièvre alloue son temps d'une manière erratique et qui ne correspond pas au but fixé. Ce but, précisément, n'est même pas de courir plus vite que la tortue – car on sait bien que, dans l'absolu, il court en effet plus vite que la tortue – ni même de courir tout court (il finira par y être contraint) mais de courir *à temps* !

Je termine ce point par une remarque qui nous renvoie au chapitre 9, consacré à l'importance de décider à quoi on veut employer son temps : expliquant le comportement fantaisiste du lièvre, La Fontaine écrit que ce dernier « croit qu'il y va de son honneur de partir tard. » Cet honneur, quel est-il ? Celui, nous dit le fabuliste, d'un animal réputé capable de distancer *au dernier moment* les chiens de chasse lancés après lui. *Au dernier moment*[1]…

1. Notons que cela n'est pas sans rappeler le MBTI, vu au chapitre 10 : le lièvre est clairement un profil P, enclin à agir au dernier

Mais, tout à sa vanité, le lièvre ne voit pas que les circonstances sont autres, que l'adversaire est différent, de même que le terrain de l'affrontement, et que, ce *dernier moment*, hélas, il n'en maîtrise rien. Bref, cette course-là requiert de sa part une mobilisation inédite de ses moyens et de ses ressources – à commencer par son temps. Le lièvre n'en a rien perçu.

En 1996, après un début de carrière dans l'administration et un passage en cabinet ministériel, et alors que j'étais directeur général d'une société concessionnaire d'autoroutes, j'ai décidé d'entrer chez McKinsey, géant américain du conseil de direction générale, comme *simple consultant*. En l'apprenant, certains confrères ou condisciples de Polytechnique m'ont regardé comme on regarde un illuminé ou un grand malade. Simple consultant ?! Quelle mouche a donc piqué ce pauvre Bruno ? Mais ils ignoraient que j'avais un but : entrer comme simple consultant, certes, mais devenir associé du cabinet plus rapidement que tous mes collègues, et pouvoir ainsi remplir le plus vite possible des fonctions passionnantes. Contrairement au lièvre, j'ai géré ma course, ce qui n'a pas été facile (je me suis parfois senti dans la peau de la tortue, « se hâtant avec lenteur »...) mais, au final, j'y suis parvenu.

Je m'empresse de préciser que je n'exagère pas mon mérite : je suis un profil J du MBTI ! Il m'est presque naturel d'ajuster mon tempo aux circonstances. On pourrait identifier, dans le déroulement de nos existences, autant de tempos qu'en compte la musique, c'est-à-dire une dizaine, du largo (lent) au presto (rapide) en passant par

---

moment, tandis que la tortue, elle, s'apparente au profil J, qui calcule et anticipe.

l'adagio (à l'aise), le moderato (modéré) ou l'allegro (allègre). En dehors du rythme ordinaire, j'en retiens deux types principaux. Ce sont ceux que suggère Isocrate (436-338 av. J.-C.) dans son fameux aphorisme : « Réfléchis avec lenteur, exécute avec rapidité ». Lenteur et rapidité ou, dans un autre registre, celui du football, temps faibles et temps forts. Comme le savent les spécialistes, « le football repose sur la dangerosité » tandis qu'au handball, au basketball ou au volley-ball, « s'il n'y a pas une trop grande différence de niveau, le score sera serré, et c'est le "money-time" [i. e. les dernières minutes du match] qui permettra au vainqueur d'émerger[1]. » Ainsi, au cours d'un match de football, le déploiement d'énergie des joueurs varie en fonction des moments faibles (les plus nombreux : on s'économise, on s'efforce de garder le ballon, on le fait « tourner ») et les moments forts (plus rares : on attaque, on va au contact, on « met la pression » avec le but en ligne de mire). Dans l'histoire de ce sport, une rencontre résume à mes yeux l'« art du tempo » : le match retour des Seizièmes de finale de la coupe de l'UEFA entre Saint Étienne et le PSV Eindhoven, le 7 novembre 1979, au stade Geoffroy-Guichard. Le match aller, deux semaines plus tôt, avait été catastrophique : Saint Étienne, handicapé par l'absence de son meneur Michel Platini, avait perdu 2 à 0. Cette fois-ci, l'entraîneur Robert Herbin décide de frapper fort dès le coup d'envoi, pour déstabiliser l'adversaire : il brouille les repères des Hollandais en attribuant à ses joueurs des numéros de maillot ne correspondant pas à leurs numéros habituels ni à leurs positions sur le terrain. La tactique est payante : l'équipe française, hyperconcentrée,

1. Christophe Kuchly, « Éloge du temps faible », *Les cahiers du football*, 27 fév. 2015.

prête à en découdre, se mobilise comme jamais et entraîne d'emblée le jeu dans un véritable tourbillon. 3e minute, but de Larios ! 4e minute, but de Platini ! 5e minute, but de Santini ! Dès la cinquième minute, Saint Étienne a plus que remonté son retard et est déjà virtuellement qualifié. Au final, les Verts écrasent littéralement le PSV Eindhoven 6-0.

Quand on est dirigeant d'une grande entreprise, c'est un peu pareil, *mutatis mutandis*. Les temps forts couvrent toute une gamme de tâches, d'activités, de processus, de comportements, d'états, de positions, qui va de l'hypercorrection (répondre en direct aux appels téléphoniques, aux messages, SMS, e-mails...) au multitasking (lire un compte rendu tout en écoutant l'exposé d'un collaborateur au cours d'un conseil d'administration, par exemple), en passant par l'hypervigilance (« tracker » la moindre erreur dans la version définitive d'un livrable, « checker » la communication non-verbale d'un partenaire au cours d'une négociation cruciale, « scanner » l'auditoire d'un colloque ou d'un concert pour y repérer un client à saluer).

Les temps forts sont caractérisés par des impératifs précis : l'efficience, l'optimisation des ressources, la focalisation. Ils imposent des équilibres précaires, comme l'assiette de ces voiliers de régate qu'une main hésitante, à la barre, peut faire chavirer d'une simple secousse. Les temps forts sont aussi les moments où la vague – la vague des tâches à accomplir, des délais à tenir, des coûts à maîtriser – si elle n'est pas contenue par un effort de précision et d'endurance, peut instantanément noyer le capitaine et l'équipage. C'est pour cela que les temps forts requièrent un surcroît d'organisation ; sans cette organisation, sans cette gestion du temps au plus près du vent, on encourt la dictature du stress.

Je dois avouer que, dans mon match à moi, il y a eu et il y a encore de nombreux temps forts. Quand je travaillais dans un fonds d'investissement puis en banque d'affaires, l'essentiel de mon travail consistait à concevoir et négocier des *deals*, des accords de toutes sortes entre grands acteurs économiques (investissements, fusions-acquisitions, alliances commerciales, etc.). Lorsqu'un projet avait suffisamment mûri, arrivait toujours un moment où la clôture de la négociation se profilait à l'horizon. On entrait alors dans une autre dimension. Tout se retrouvait subordonné à l'objectif poursuivi, à savoir la signature du *deal*. C'était comme un gigantesque trou noir qui absorbait les différents aspects de l'existence, les paroles, les pensées, les moindres faits et gestes, l'espace – le bureau devenait la maison, et *vice versa* – et bien sûr le temps. Durant ces périodes où il faut être à la fois patient et aux aguets, car les parties en présence peuvent bouger leurs pions à tout moment, il n'était plus question d'agenda bien huilé, de plages de travail fixes, ni même de jour et de nuit. Il m'arrivait de rentrer chez moi à quatre ou cinq heures du matin, mais aussi de profiter d'un « temps faible » pour aller jouer au golf une heure ou deux, en pleine semaine, ce qui m'est absolument impossible en temps normal. Et puis vient le moment de « conclure », avec l'excitation, la peur, le pic d'audace, parfois insoupçonnée, qui vont avec, à la façon de Bonaparte au Pont d'Arcole ou de Cyrano aux prises avec le vicomte de Valvert :

— Tac ! je pare la pointe dont
Vous espériez me faire don :
— J'ouvre la ligne, – je la bouche…
Tiens bien ta broche, Laridon !
À la fin de l'envoi, je touche[1].

En somme, un bon négociateur doit à la fois faire preuve d'une très grande patience tant que les conditions de la conclusion ne sont pas réunies, et agir de façon aussi déterminée et décisive que Bonaparte lorsque le moment propice pour conclure se présente.

Mais tout comme le *largo* du 2e mouvement prépare *l'allegro* du 3e dans « L'Hiver » des *Quatre Saisons* de Vivaldi, les temps forts sont préparés par les temps faibles – et d'emblée j'abandonne cet adjectif, trop négatif, tant pis pour la cohérence de la métaphore footballistique, et lui substitue l'expression « temps de recul », laquelle présente l'avantage de renvoyer au duo qui nous a accompagnés tout au long de ce livre : le temps et l'espace. D'ailleurs, ce « temps de recul », avec sa connotation spatiale, pourrait aussi bien s'appeler « temps de côté » ou « temps de hauteur ».

Pas de temps fort, donc, sans temps de recul. Et *vice versa*. C'est le même principe que ce à quoi vous vous livrez présentement, ami lecteur : la science a montré qu'on lit par saccades et qu'on ne comprend ce qu'on lit que parce qu'alternent des millisecondes de mouvement (temps fort) et des millisecondes de pause (temps faible). En réalité, les pauses représentent 90 % du temps de lecture ! C'est le même principe au cinéma : la caméra capture le mouvement au rythme de vingt-quatre pauses

1. Edmond ROSTAND, *Cyrano de Bergerac*, 1897.

par seconde. Les temps forts et les temps de recul sont donc unis par un lien organique, fonctionnel.

Qu'est-ce que le temps de recul ? D'abord, c'est une durée. Une certaine durée, comme dirait Fernand Reynaud[1]. Cela ne peut être un simple instant car il suppose d'émerger du torrent de l'action, de se hisser sur la rive, de rassembler ses esprits. Toutes ces étapes prennent du temps, précisément. Et, paradoxalement, c'est parce qu'on a « laissé du temps au temps », parce qu'on lui a accordé une certaine latitude, qu'il consent, dès lors, à ralentir son cours, à suspendre son vol, pour reprendre les fameux mots de Lamartine. Le temps « mesuré » est le même, mais le temps « perçu » est différent. Mieux : il est *nouveau*, au sens de vierge, incorrompu ; il est plein de promesses, il ne demande qu'à être conquis, défriché, exploité.

L'espace ne compte plus non plus – ou plutôt *on ne compte plus* l'espace, puisqu'on se *pose*, littéralement. Le mouvement cesse, et avec lui toute une économie de la frustration, de l'empêchement, de l'obstacle. « L'esprit demande des ménagements, écrit Sénèque (1-65) dans *De la tranquillité de l'âme*[2], il faut lui accorder un repos qui soit comme l'aliment réparateur de ses forces épuisées [...] L'âme ne peut atteindre à rien de sublime, à rien qui soit d'un difficile accès, si elle n'est comme transportée hors de soi. Il faut qu'elle s'écarte de la route battue. »

Mais cette immobilité, due au recul, n'est pas une stagnation. Au contraire, elle permet de transformer le mouvement extérieur en mouvement intérieur, en « réflexion »,

1. « Combien de temps met le fût du canon pour se refroidir lorsque l'obus est sorti du fût ? – Cinquante minutes ? Non ! Un quart d'heure ? Non ! Trois jours ? Non ! Quatre secondes ? Non ! Le fût, pour se refroidir, il met... un certain temps ! ».

2. SÉNÈQUE, *De la tranquillité de l'âme*.

en va-et-vient entre la réalité et l'intelligence – l'*adequatio rei et intellectus*, qui, pour les classiques[1], définit la vérité. Ainsi peut-on comprendre ce qui se trouve autour de soi, saisir les êtres et les événements.

Dans l'ouvrage cité plus haut, Sénèque fait l'éloge des « grands personnages [qui] se donnent chaque mois quelques jours de vacances. » Je me souviens d'Ambroise Roux (1921-1999), l'un des acteurs majeurs de l'économie française de la seconde moitié du XXe siècle, avec qui j'avais eu la chance d'échanger en tête-à-tête quelques semaines avant sa disparition. Ce « grand personnage », pour reprendre les mots de Sénèque, eut mille vies en une : polytechnicien, haut fonctionnaire, industriel (longtemps président de la Compagnie générale d'électricité), banquier, fondateur et président de l'AFEP de 1982 à 1999[2], fondateur d'innombrables associations, il était célébré comme l'une des plus puissantes figures du capitalisme français. Eh bien, Ambroise Roux avait la réputation de prendre chaque année, quoi qu'il arrive… deux mois de vacances ! C'était l'une des conditions de sa redoutable efficacité et de son rayonnement hors norme.

C'est aussi pendant les vacances que j'essaie de pratiquer l'art du tempo, en privilégiant les temps de recul sur les temps forts. Je ne change pas de musique, car je ne puis me soustraire complètement au monde et à ses affaires, mais le rythme est plus lent. Je fais en sorte, surtout, d'accorder aux personnes qui m'entourent, à commencer par ma famille,

1. Notamment Aristote et, à sa suite, Thomas d'Aquin dans la question 1 des *Quaestiones disputatae de veritate*.

2. L'Association Française des Entreprises Privées est une organisation rassemblant 115 des plus grandes entreprises françaises, représentant la moitié des exportations de la France et les trois quarts de la capitalisation boursière de Paris.

ce que les Anglo-Saxons appellent une *undistracted attention* : je bloque la « quantité » de temps dont j'ai envie ou besoin, j'éteins mon smartphone, je me consacre à une personne et une activité à la fois, j'écoute plus que je ne parle, je me concentre sur l'instant présent et ce qui s'y passe, sans penser à ce qui se passe ailleurs[1], à ce qui se passait avant ou à ce qui se passera après. Ce temps passé à regarder un enfant jouer ou à écouter une *Étude* de Chopin, est alors celui de la gratuité, sans utilité ni efficacité mesurable. Dans le mystère de sa fécondité, dont je n'ai aucune preuve mais que je pressens, ce temps revêt une forme de transcendance qui n'est pas sans rappeler le temps des origines dont j'ai parlé au premier chapitre.

Outre les vacances, j'aime prendre du recul dans le train ou l'avion. Dans ces lieux, je dois le dire, la configuration de l'espace simplifie l'art du tempo : on ne peut bouger, parfois même littéralement lorsqu'on doit attacher sa ceinture. Alors, certes, on a tout loisir de répondre à des mails, corriger des rapports, vérifier des chiffres, etc. ; mais le fait d'être immobile dans un environnement lui-même en mouvement, et l'étrange « relativisation » de l'espace qui en résulte, un espace dont on perçoit alors le caractère non-absolu, invite, me semble-t-il, par effet miroir, à « goûter » l'épaisseur du temps, sa dilatation, et à changer de tempo. Au golf, l'équation est inversée mais le résultat est le même : c'est l'espace qui, là, se trouve élargi, avec ces grandes étendues de gazon et les longues marches qu'elles imposent, presque incongrues, tellement inhabituelles, en tout cas, quand on vit en ville et travaille

1. Le fameux FOMO, *Fear Of Missing Out*, c'est-à-dire la peur qu'un événement se produise sans qu'on y soit associé.

dans un bureau. Il est presque inévitable que, dans ces moments-là, le temps se transforme.

Parfois, le temps impose de lui-même, et sa cadence, et la tâche ou la décision opportune : c'est le « bon moment », le *kairos*. Dans l'Antiquité, le dieu éponyme était représenté en jeune homme doté d'une épaisse chevelure sur le front et d'un crâne chauve à l'arrière : quand on voulait l'attraper, c'est-à-dire le saisir par les cheveux, il fallait être sur ses gardes car il passait vite, et lui courir après ne servait à rien. Avant l'heure, ce n'est pas l'heure ; après l'heure, ce n'est plus l'heure. Le bon moment peut certes être préparé, on peut en déceler les signes avant-coureurs, quand on a exercé son « sens du temps », l'oreille intérieure avec laquelle on scrute les tic-tac de l'horloge de l'existence, ou encore ce « coup d'œil » dont parle Carl von Clausewitz (1780-1831) pour désigner la capacité des militaires à saisir l'opportunité sur le champ de bataille, « la rapidité avec laquelle on tombe sur une vérité qui reste invisible au regard d'un esprit ordinaire ou n'est discernée qu'après un long examen et de profondes réflexions[1] ».

Une autre manière de s'y préparer est de cultiver les vertus de patience, d'attention et de courage, indispensables pour saisir le kairos. Parfois, l'enjeu du kairos paraît secondaire, ou n'a d'importance que pour un nombre limité de personnes, voire pour soi seul : quel est le bon moment pour donner son opinion au travail ? Quel est le bon moment pour envoyer un SMS à son patron ? Quel est le bon moment pour dire à un ami une vérité qu'il n'a pas envie d'entendre ? Quel est le bon moment pour demander

1. Carl VON CLAUSEWITZ, *De la guerre*, chap. III, Paris, Minuit, 1980.

« pardon » ou déclarer sa flamme ? L'existence est maillée de kairos – certains que nous avons su saisir, d'autres dont nous n'avons vu que le crâne chauve… Si le kairos requiert de savoir « lire les événements », il implique aussi toujours de prendre un risque, aux conséquences plus ou moins grandes. Tendre la main vers la chevelure du dieu qui passe n'est pas un geste si anodin qu'il y paraît.

Je me souviens de mon élection à la présidence de l'Association des anciens élèves de l'École polytechnique. Quelques jours auparavant, je n'imaginais pas être candidat, même si j'avais des idées précises sur la façon de réformer et conduire cette institution, peu connue du grand public et pourtant capitale, notamment en raison de son rôle dans la gouvernance de la plus prestigieuse école scientifique française. Un autre polytechnicien, particulièrement éminent, était en effet sur les rangs pour succéder au président d'alors. Différentes informations me parvinrent qui me conduisirent à déceler, dans les circonstances du moment, une « fenêtre de tir ». Je décidai de me lancer et, en cinq jours, grâce à une véritable opération éclair, je fus élu par 60 % des voix à la présidence de l'AX.

À mon échelle, cette aventure n'est qu'une anecdote. En revanche, ce qui s'est passé, en 2017, à l'échelle du pays, relève de l'Histoire avec un grand H. Emmanuel Macron a été l'homme du kairos. L'incroyable « alignement des planètes » dont il a bénéficié est de ceux qui se produisent rarement dans l'histoire politique d'un pays – ce qui n'enlève rien à son talent, bien au contraire : il a su saisir Kairos par les cheveux. Mais sans la décision de François Hollande de ne pas briguer un deuxième mandat, sans le ralliement de François Bayrou, sans la désignation par Les Républicains et le Parti socialiste de candidats porteurs de lignes clivantes (François Fillon et Benoît Hamon), dont l'un des deux a ensuite vu sa candidature significativement affaiblie par une affaire judiciaire, Emmanuel Macron ne serait sans doute pas devenu, à 39 ans, le plus jeune président de l'histoire de la République française. Ici, les fameux vers de René Char (1907-1988), souvent cités, trouvent une illustration évidente : « Impose ta chance, serre ton bonheur et va vers ton risque ; à te regarder, ils s'habitueront[1] ».

1. René CHAR, *Les matinaux*, Paris, Gallimard, 1950.

Conclusion
LIBERTÉ ET RESPONSABILITÉ

J'ai commencé ce livre en disant que le Temps était un grand mystère. Mais il ne faut pas se méprendre sur le véritable sens de ce mot. Un mystère, contrairement à ce que le langage courant laisse entendre, ce n'est pas une réalité cachée et inerte que nous ne pourrions pas comprendre, qui se déroberait constamment et par nature à notre raison. C'est au contraire une réalité dynamique que nous n'avons jamais fini de comprendre, que nous comprenons, au contraire, à mesure qu'il se dévoile à notre intelligence. Non, un mystère ne se dérobe pas, il se dévoile – mais comme il se dévoile à l'infini, on a le sentiment qu'il se dérobe. Le temps est bien de cette catégorie-là, et pour notre plus grande édification : le temps n'est pas encore venu où nous n'aurions plus rien à apprendre sur le temps.

En fonction des formes qu'on lui donne ou sous lesquelles il semble se présenter – un mouvement, une équation mathématique, une sensation, une histoire, un néant C – on croit pouvoir le saisir, au double sens du mot, c'est-à-dire en comprendre la nature et le contrôler. Il est vrai que chaque seconde qui passe augmente le « capital de familiarité » de l'humanité avec le temps. Nous en savons plus sur lui, en ce premier quart du deuxième millénaire, que notre lointaine ancêtre Lucy – 3,2 millions d'années de savoir en plus. Mais cela ne signifie pas que nous le possédons ; au fond, c'est plutôt lui qui nous possède.

Cela dit, nous pouvons l'*apprivoiser* – l'apprivoiser à la manière dont le renard propose au Petit Prince de l'apprivoiser, dans le célèbre conte d'Antoine de Saint-Exupéry (1900-1944) : « Si tu m'apprivoises, nous aurons besoin l'un de l'autre. Tu seras pour moi unique au monde. Je serai pour toi unique au monde[1]. » Convaincre le lecteur de la nécessité d'apprendre à gérer son temps de façon à ce que chaque instant soit « unique au monde », telle était bien l'une des ambitions principales de cet ouvrage. Certes, apprivoiser n'est pas une mince affaire ; le Petit Prince hésite, d'ailleurs : « Je veux bien mais je n'ai pas beaucoup de temps », dit-il au renard. Il a mieux à faire, notamment « des amis à découvrir ». Justement, répond le renard, « si tu veux des amis, apprivoise-moi ». Apprivoiser, cela requiert de la discipline, des outils, des savoir-faire, une sorte de stratégie pourrait-on même dire : « il faut être très patient », par exemple s'asseoir ensemble sur l'herbe, « chaque jour [...] un peu plus près », et surtout « à la même heure » car « il faut des rites », c'est-à-dire « ce qui fait qu'un jour est différent des autres jours, une heure différente des autres heures[2] ». Bref, il faut se donner le temps d'apprivoiser le temps en gérant le temps.

Dans son ouvrage *Accélération*[3], le sociologue et philosophe allemand Hartmut Rosa pointe un paradoxe : selon lui, les individus des sociétés développées courent après le temps comme s'ils n'en avaient jamais assez, alors même que les nouvelles technologies de communication et

1. Antoine DE SAINT-EXUPÉRY, *Le Petit Prince*, Paris, Gallimard, 1946.
2. *Ibid.*
3. Hartmut ROSA, *Accélération*, Paris, La Découverte, 2010.

de transport sont censées les avoir libérés des tâches les plus chronophages, notamment en permettant qu'elles soient réalisées plus vite. L'être humain serait ainsi victime de « désynchronisation », du fait de l'accélération de son rythme de vie. Dans une interview au journal *Le Monde*, Rosa résume la situation par la formule suivante : « La majorité de nos actions ne sont pas guidées par nos valeurs, mais par notre agenda[1] ».

Ce que j'ai voulu montrer dans cet ouvrage, c'est précisément que le clivage « valeurs » *vs* « agenda » n'a pas de sens, et que le grand défi est de façonner le second selon les premières : agenda et valeurs doivent être alignés. Un agenda vide n'a pas plus d'intérêt qu'un agenda exagérément rempli ; l'être humain ne veut pas *avoir du temps libre*, il veut *être libre* – libre d'utiliser son temps de manière optimale, compte tenu de ses valeurs et de ses objectifs. Pour cela, il doit donner un sens à sa vie, c'est-à-dire décider de l'orienter dans une certaine direction, vers un objectif qui lui plaise, le satisfasse, le rende heureux. La gestion du temps intervient alors comme une stratégie indispensable pour y parvenir, une discipline incontournable.

D'ailleurs, le voyage au cœur du temps auquel j'ai invité le lecteur et qui s'achève ici, est, pour ce dernier, une première mise en pratique de ce que j'y défends : d'une part, il a *de facto* décidé librement d'allouer une partie de son temps à ce voyage, ce dont je lui sais infiniment gré, et je forme le vœu qu'il sera arrivé à destination satisfait et enrichi ; d'autre part, la fécondité de ce voyage, les leçons qu'il pourra en tirer, dépendent entièrement de sa décision

1. Interview au journal *Le Monde*, « Plus on économise le temps, plus on a la sensation d'en manquer », par Anne-Sophie NOVEL, 1er avril 2016.

et de son action, au sens le plus noble du terme, c'est-à-dire, au fond, de sa responsabilité. L'extraordinaire liberté que donne le contrôle de son temps, surtout si on peut s'affranchir de certaines normes sociales ou contraintes matérielles, doit aller de pair avec l'exercice de la responsabilité. Hélène, à qui Ronsard suggère de « cueillir les roses de la vie[1] », n'y consent pas : peut-être les roses en question représentent-elles un emploi de son temps dont elle ne souhaite pas assumer la responsabilité ? De fait, la jeune veuve décline les avances « masquées » du poète.

À qui « répond-on » lorsqu'on assume ainsi la responsabilité de l'emploi de son temps ? À soi-même, d'abord, et ce, pour s'épargner le vertige, voire l'épouvante, de ne savoir quoi répondre, *in articulo mortis*, à la question de Fernando Pessoa dans son fameux et splendide poème « Il pleut, qu'ai-je fait de ma vie[2] ? » :

> Il pleut. Qu'ai-je fait de ma vie ?
> J'en ai fait ce qu'elle a fait de moi…
> De l'avoir pensée, mal vécue…
> Tristesse d'un tel homme !
> Dans une angoisse sans remède
> J'ai de la fièvre à l'âme, et, quand je suis,
> Je ne ressens que le manque, à même l'ennui,
> De tout ce dont je n'ai jamais eu le désir.
> Ce moi qu'autrefois j'aurais pu être,
> Qu'est-il devenu ? Plein de haines mesquines
> Envers moi, me voici séparé
> De moi. Si au moins il pleuvait moins !

1. Pierre DE RONSARD, *Sonnets pour Hélène*, VI, 1578.
2. Fernando PESSOA, *Œuvres poétiques*, Paris, Gallimard, 2001.

Les chrétiens, dont je suis, peuvent quant à eux songer à la parabole des talents[1] : un maître, avant de partir en voyage, assigne à ses serviteurs la mission de faire fructifier ses biens. Il leur laisse une entière liberté d'action, non sans exercer lui-même sa responsabilité, avec d'ailleurs un sens aigu de la justice, puisque chaque serviteur reçoit la somme d'argent qui correspond à ses « capacités d'investisseur », dirions-nous aujourd'hui. Mais, quoi qu'il en soit, l'objectif reste le même pour tous, à savoir produire un résultat avantageux, supérieur à la mise de départ. Ainsi, restituer le bien en l'état initial, sans avoir pris aucun risque, ne suffit pas – pire, c'est une marque d'échec. Si l'on assimile le temps au trésor à faire fructifier, cette parabole prend un sens encore plus tragique et invite à une exigence plus impérieuse : laisser le temps « en l'état », enfouir la minute qui s'offre à moi dans le présent, l'enfouir alors qu'elle est un cadeau immérité, ce n'est même pas ne rien en faire, c'est l'effacer, l'annihiler, la vouer au néant, puisque sa nature, hélas, est de passer, de fuir inexorablement.

Mais ne brûlons pas les étapes : nous n'en sommes pas encore aux fins dernières, ni à la fin des temps, ni à la fin du Temps – simplement, tout au plus, la fin de cet ouvrage. Mais ce qui reste, *hic et nunc*, n'est pas moins crucial : l'ardente obligation de tout faire pour ne pas passer à côté de sa vie.

1. Évangile selon saint Matthieu, 25, 14-30.

Table des matières

Introduction. – L'horloge et le virus 9

Première partie
QUID EST ENIM TEMPUS…

1. Un jour sans hier ? 23
2. Multivers et multi-temps 41
3. Obsession numérique et éternité intérieure 53
4. L'homme, animal temporel 71

Deuxième partie
LES POUVOIRS DU TEMPS

5. Le temps, l'argent, l'égalité 89
6. Une ressource rare et fuyante 109
7. Une ressource autonome 125
8. La jouissance du temps : bataille et négoce 139

Troisième partie
LE TEMPS DU BONHEUR

9. Le temps de vivre et d'agir 161
10. Décider de sa vie 177
11. La valse à mille temps 191
12. L'art du tempo 207

Conclusion. – Liberté et responsabilité 221

Achevé d'imprimer en décembre 2023
sur les presses de la Nouvelle Imprimerie Laballery
58500 Clamecy
Dépôt légal : janvier 2024
Numéro d'impression : 311690

Imprimé en France

La Nouvelle Imprimerie Laballery est titulaire de la marque Imprim'Vert®